CÉU OU INFERNO?

A VIDA APÓS A MORTE

AMAURI REIS

CÉU OU INFERNO?

A VIDA APÓS A MORTE

de Amauri Reis

1ª Edição: Julho de 2020

Coordenação Literária Geral: Amauri Reis

Capa: Felipe Cavalcanti

Diagramação: Felipe Cavalcanti

Registro ISBN e Ficha Catalográfica: Maurício Amormino

Revisão: Amauri Reis

Impressão: Gráfica Hawaii

R375c   Reis, Amauri.
         Céu ou inferno? Uma reflexão sobre a vida após a morte/ Amauri Reis. – Rio de Janeiro, RJ: Ed. do Autor, 2020.
         150 p: 14 x 21 cm

         Inclui bibliografia
         ISBN 978-65-86069-60-0

         1. Eternidade – Reflexão. 2. Vida após a morte. I. Título.
                                      CDD 158.1

SUMÁRIO

APRESENTAÇÃO

Em plena pós-modernidade, escrever sobre este tema é um desafio enorme, instigante, intrigante, polêmico e controverso! Falar de vida após a morte, por si só, já traz todos esses predicados. Quando se acrescenta as palavras "Céu" e "Inferno", os aludidos predicados se potencializam. Abordo aqui, procurando ser o mais imparcial possível e com grande detalhamento, a questão da eternidade do ser humano e onde ele pode viver essa eternidade. A ideia é conduzir o leitor atento a uma reflexão sobre a vida em si e sobre o que acontece após a morte. Afinal de contas, quem nunca se perguntou se existe vida após a morte? Se céu e inferno existem? Para onde vamos depois que morremos? Se a religião que professamos tem alguma coisa a ver com o nosso destino após a morte? Se o céu é um lugar geográfico? Se o paraíso é a mesma coisa que céu? E o nosso corpo, tal como é hoje nessa vida, o será também após a morte? Quem vai para o céu e quem vai para o inferno? Quais os critérios que definem esse destino? Quem define? Existe algum lugar intermediário entre os dois?

Perguntas como essas e muitas outras mais sobre o destino pós-morte causam inquietação às pessoas. Mesmo aquelas que se dizem materialistas e alardeiam não acreditarem na eternidade, acabam ficando bastante desconfortáveis diante desse tema.

O assunto é vasto e desafiador. Para alguns, é até inconclusivo. Apresento aqui uma abordagem ampla sobre o tema, com bases histórica e de fé, considerando a minha própria cosmovisão e o que se tem de escritos e de crenças sobre o assunto. Longe de mim finalizar a questão ou querer impor a minha perspectiva e conceitos pessoais. Nada disso. O intuito aqui é fazer com que o atento leitor pense, reflita e chegue às suas próprias conclusões.

Tenha uma ótima leitura!

PREFÁCIO

Fui convidado pelo Amauri para fazer o prefácio deste livro e aceitei sem nenhuma hesitação, pelo simples fato de conhecer quem é Amauri Reis. Conhecer o seu caráter, sua integridade e o seu compromisso com Deus e com a Sua Palavra, foram os meus motivos principais para prefaciar essa obra.

Enquanto lia o exemplar que ele me passou, percebi o acurado zelo que ele teve em mergulhar numa investigação bastante honesta do ponto de vista histórico, intelectual e espiritual acerca desse assunto. Apesar de parecer uma pergunta até mesmo infantil, eu sei que ela instiga a imaginação de muitas pessoas!

Amauri traz o ponto de vista das religiões mais conhecidas sobre o assunto, o que torna o livro bem interessante para os curiosos e para aqueles que gostam de estudar mais profundamente o que os religiosos apregoam sobre o tema em questão

"CÉU OU INFERNO? – A Vida Após a Morte", é um livro que veio para ficar, para fazer a diferença na minha e na sua vida, caro leitor. Eu tenho certeza de que esse livro não servirá apenas para a nossa edificação pessoal, mas como um guia para ajudar a todos a entenderem o que existe de escritos sobre o tema e o que a verdadeira Bíblia tem a dizer sobre esse assunto.

Amauri aborda aqui, com fina excelência e apurada riqueza de detalhes, a questão da eternidade do homem e de onde esse homem, opcionalmente, vai passar essa eternidade. Também pode ser visto aqui o que Deus tem a ver com a criação do Céu e do Inferno e o Seu interesse em que o homem viva a eternidade ao Seu lado – no Céu.

Eu tenho uma certeza muito grande que o inferno não foi feito para o homem e sim para o diabo e seus anjos. Assim como, eu tenho certeza de que o céu foi criado para todos os homens; mas, infelizmente, somente aqueles que acreditam e aceitam a provisão de Deus, feita em Cristo Jesus, o herdarão. Tudo o que cada ser humano precisa para obter o seu passaporte para o céu e experimentar a vida eterna com Deus no paraíso, já foi conquistado por Jesus Cristo, na cruz do calvário. Ele não morreu para salvar só um grupo seleto de pessoas; ele morreu para que todos sejam salvos e cheguem ao pleno conhecimento da verdade. Porém, nem todos querem. E isto é muito bem explicado aqui neste livro.

Convido, então, o leitor a se debruçar sobre essas páginas, sempre com a expectativa de aprender e crescer no discernimento acerca de Deus e de Sua vontade; de verificar como Ele arquitetou um maravilhoso plano de vida para todos os que creem em Jesus Cristo como o único mediador entre Deus e os homens; e em como esse plano está sendo implementado ao longo da história.

Quero encerrar o meu prefácio deixando um verso da Bíblia, registrado na 1ª Carta do Apóstolo Paulo a Timóteo, capítulo 2, verso 6, que diz: *"Ele deu a sua vida para comprar a liberdade de todos"*. Cada ser humano precisa saber que Jesus Cristo pagou o preço por completo para fazê-lo absoluta e totalmente livre. Tudo que Jesus conquistou na cruz, se tornou um pacote incrível de benefícios e que diz respeito a todos. A única coisa que cada ser humano precisa para tomar posse desse pacote de benefícios é crer e receber, pela fé, tudo o que nele está incluído: a eternidade no Céu, o perdão pleno e definitivo de todos os seus pecados, a libertação de todo tipo de maldição e a vida abundante já neste mundo, que está à disposição de todo aquele que crê! É simples assim! Um abraço e que Deus abençoe a sua leitura.

Pastor Bené Gomes

Fundador e Líder do Ministério Koynonia de Louvor

Pastor Adjunto da NOVA IGREJA – Rio de Janeiro.

AGRADECIMENTOS

Ao Senhor JESUS CRISTO, que se manifestou de forma viva e real a mim, quando eu era ainda muito jovem, dando-me a oportunidade de conhecer a vontade de Deus para a minha vida, proporcionando-me uma cosmovisão muito mais ampla e cheia de esperança. Uma cosmovisão de eternidade.

À Clara Reis – mulher de minha mocidade. Namorada Eterna, esposa amada e amante. Uma verdadeira parceira; uma mulher compromissada com Deus, comigo - o seu marido - com seu lar e com seus filhos, nora e neto, sendo um exemplo de esposa, mãe, sogra e avó.

À Paula Reis e a Filipe Reis – filhos amados, que me realizam e permitem até hoje eu ser um eterno aprendiz na difícil, desafiadora, porém, muito gratificante missão de ser pai.

À Bárbara Reis – Nora querida, a qual o Senhor acrescentou à minha Família e que, desde então, vem trazendo mais graça ao viver da Família Reis, fazendo o meu filho feliz e realizado. E agora, ainda mais, com o Filipinho no útero! Neto a caminho! Uhuuu!

À Igreja do Senhor Jesus Cristo (refiro-me aqui à Eclesia de Deus; não a nenhuma denominação específica), onde pude viver a mais importante e maior experiência de minha vida – a minha conversão a Cristo! A essa instituição mística e fantástica, sem a qual eu jamais aprenderia sobre a pessoa e os ensinamentos de Deus e Sua vontade para minha vida; sobre a eternidade e sobre a vida após a morte. Sim, a essa Igreja, nas pessoas de seus Pastores e Líderes, eu sou eternamente grato.

A todos vocês, o meu Especial Muitíssimo Obrigado!

INTRODUÇÃO

"Vamos pelo menos ser honestos: Ninguém sabe o que acontece quando morremos. Não tem fotografia nem tem vídeo".

Essa frase é do pastor Rob Bell, um dos pastores mais populares, midiáticos e controversos dos Estados Unidos. Ele a proferiu no auge de seu pastorado, a frente da igreja Mars Hill Bible Church - uma mega igreja dita cristã, localizada em Grandville, Estado de Michigan – Estados Unidos da América.

De fato, ninguém tem alguma foto ou algum vídeo que possa comprovar o que acontece com as pessoas após elas morrerem. Esse pastor baseou a sua afirmação na sua crença pessoal de que céu e inferno, segundo ele, existem como dimensões do viver humano aqui e agora, neste mundo presente. Em entrevista a uma revista brasileira, em novembro de 2012, ele disse acreditar que *"estender a existência dessas duas dimensões para após a morte é mera especulação"*.

Em contra-argumento ao pastor Rob, estão todos os líderes cristãos – evangélicos e católicos, alguns líderes de outras religiões e a grande parte da população mundial, que acreditam na existência de céu e inferno como um lugar espacial, que são utilizados como recompensas ao ser humano, como salvação ou danação eternas, em consequência de suas escolhas, feitas através de seus livres-arbítrios.

Cada indivíduo tem a sua cosmovisão sobre o assunto e cada indivíduo quer provar, a todo custo, que está correto. Contudo, é notório que nunca se terá uma fotografia e/ou um vídeo sobre os fatos que acontecem logo após a morte. Então, como fazer para se firmar um pensamento sólido e consistente sobre a existência de céu e inferno? Esse questionamento será respondido nas páginas seguintes.

Escrever sobre este tema sempre é um desafio. Este desafio se avulta e toma proporções gigantescas quando nos pré-dispomos a pensar, refletir e falar dele na atual época em que estamos vivendo – a pós-modernidade. Essa época é um tempo de muita informação e de muitas mudanças em todos os segmentos da sociedade, e o pensamento humano sofre um tremendo impacto com essas informações e mudanças.

O ilustre médico Psiquiatra Cientista e Escritor Augusto Cury disse, em uma entrevista no seu canal digital, no portal You Tube, *"que um menino de 8 anos de idade, nos dias de hoje, tem mais informação do que o Imperador de Roma tinha, no ano 4 da nossa era"*!

- **https://www.youtube.com/user/Augustocuryautor** -

Isso é fantástico, mas ao mesmo tempo, é assustador! No ano 4 de nossa era, o Imperador de Roma era o comandante do mundo! Podemos depreender que se vivêssemos nos dias de Roma com a tecnologia de hoje, um menino de 8 anos de idade poderia governar o mundo!

O avanço da tecnologia, a evolução acelerada da ciência e as altas exigências do mercado de trabalho tem produzido um estilo de vida nas pessoas cada vez mais cético quanto aos assuntos espirituais e cada vez mais crente quanto aos assuntos materiais. Isto chama-se materialismo. De um modo geral, o ser humano pós-moderno recusa-se, cada vez mais, a acreditar naquilo que ele não pode ver; e tem alicerçado e construído a sua vida somente sobre aquilo que ele pode ver e palpar. Essa postura o tem levado a taxar a existência de céu e inferno como uma "história da carochinha" – um conto inventado e irreal.

Ocorre que, essa questão de céu e inferno mexe com as pessoas. Ela gera questionamentos, desconfortos e inquietações, pois não há como ser respondida de forma concreta e conclusiva nesta vida, a não ser pela crença pessoal de cada indivíduo. Para a maioria das pessoas, ela só será totalmente revelada após a morte. É uma questão individual e intransferível, que será mostrada na sua totalidade a cada um de nós somente após a nossa morte. E como é algo futuro, do qual não se tem conhecimento concreto, acaba por gerar um certo desassossego.

Com vistas a aplacar minimamente esse desassossego, essa inquietação, eu lhe convido, meu Caro Leitor, a trilhar comigo pelos capítulos seguintes e juntos refletirmos e aprendermos um pouquinho mais sobre este intrigante e instigante tema.

Vamos nessa?
Venha comigo...

Capítulo 1

O Que Dizem as Religiões

*"A ciência sem a religião é aleijada;
a religião sem a ciência é cega".*
Albert Einstein

Este primeiro capítulo do livro pode parecer um tanto quanto entediante, até mesmo enfadonho, pois ele é extremamente didático. Eu resolvi colocá-lo no texto com o objetivo de deixar muito claro que esta obra como um todo não é uma apologética a nenhuma corrente religiosa ou filosófica. Ela é, isto sim, uma obra literária com vistas a esclarecer os leitores acerca do tema e **gerar reflexão**. Portanto, não se desanime da leitura ao iniciar. Vá em frente, persista, que você fará grandes e preciosas descobertas.

Antes de discorrer sobre os conceitos de algumas religiões acerca de céu e inferno, necessário se faz esclarecer resumidamente o que, de fato, significa religião. Saber de onde vem esse termo e compreender qual o seu real significado no contexto da vida humana será de vital importância para que formemos ou fortaleçamos a nossa interpretação sobre o destino após a morte.

Etimologicamente, a palavra *"religião"* vem do verbo latim *"religare"*, que significa, em tese "religar algo que estava desligado". Aproximadamente, a partir do século 13, teve início na língua portuguesa medieval, a utilização desse termo no contexto da reconexão do homem à sua divindade, fosse ela qual fosse. Daí em diante, a palavra passou a ter uma conotação de religação do homem àquilo que ele crê como o seu deus e passou, também, a ser utilizada para traduzir as crenças e as práticas cultuais do ser humano. Hoje é comum às pessoas definirem sua religião pela divindade que acreditam, pelo conjunto de doutrinas emanadas dessa divindade ou pelos dogmas criados por um determinado colegiado humano, a partir de alguma experiência sobrenatural. O fato é que a religião de cada pessoa faz parte da cosmovisão individual dessa pessoa e é uma crença. Como tal, passa a ser, para essa pessoa, inquestionável e de um valor inenarrável e imensurável, tornando-se, assim, a norteadora da vida desse indivíduo. Religião, via de regra, é a acreditação na existência de um ser ou de uma força superior e sobrenatural que rege o destino do mundo e do ser humano. Estima-se que exista cerca de 10 mil religiões em todo o mundo, porém, todas elas possuem fundamentos baseados em diversas análises filosóficas, ensinamentos éticos e/ou simplesmente na fé. Um dos assuntos mais discutidos entre as várias religiões existentes é sobre a vida eterna. Isso porque enquanto algumas acreditam que existe céu e inferno, que esses lugares são habitados por pessoas após a morte, de acordo com as suas escolhas e ações, outras creem simplesmente na não existência da vida após a morte.

Ora, partindo-se do pressuposto de que a minha religião é a norteadora da minha vida, é líquido e certo afirmar que os seus ensinamentos determinarão, para mim, o meu destino após a morte. A minha religião me mostrará os caminhos que poderão me levar para o céu ou para o inferno; ou até mesmo, fazer com que eu desacredite na existência dos dois.

Como existem aproximadamente mais e 10 mil religiões no mundo, não serão esgotados aqui todos os dogmas de cada religião e muito menos serão exauridas todas as religiões existentes, pois isso é infactível. Será, isto sim, descrito neste capítulo, de forma bastante resumida, o que as principais religiões hoje conhecidas e mais mencionadas no mundo, preconizam e ensinam sobre céu e inferno, para que o atento leitor reúna os conhecimentos necessários a satisfazerem sua lacuna de entendimentos sobre o tema. Vamos lá?

O QUE DIZEM OS ESPÍRITAS

A doutrina básica do Espiritismo sobre "céu" e "inferno" preconiza que ambos começam, invariavelmente, dentro de cada ser humano, visto que exprimem o equilíbrio ou a perturbação, a alegria ou a dor, a consciência em paz pelo bem realizado, ou a que se encontra carregada de remorsos pelos equívocos cometidos. Para os Espíritas, segundo os escritos de seu fundador – Alan Kardec – o "céu" e o "inferno" não são um lugar circunscrito no espaço sideral ou no centro da Terra ou mesmo em alguma outra região espiritual. Para eles, "céu" e "inferno" são um estado de consciência que habita na esfera interior da alma humana. Ou seja: cada homem e cada mulher, por si, elevar-se-á ao céu ou descerá ao inferno transitórios, à medida em que obedecerem às disposições mentais em que se prendem – se uma pessoa tem pensamentos bons, ela estará criando o seu céu; em contrapartida, se tem pensamentos maus, ela estará criando o seu próprio inferno.

O Espírita acredita na reencarnação e, portanto, ele crê que esteja a pessoa encarnada – vivendo na Terra – ou desencarnada – habitando esferas do mundo espiritual –, tudo o que rodeia essa pessoa foi, inicialmente, gerado em seu próprio íntimo, porque são os seus sentimentos e pensamentos que determinam a realidade que lhe envolve. Na visão espírita, "céu" e "inferno" tratam-se de um estado d'alma transitório, que existe enquanto a criatura respeita ou desrespeita as leis de equilíbrio e harmonia que sustentam o universo. Portanto, esteja ela encarnada ou desencarnada, ela sempre estará sujeita a conviver com os seus "céus" e "infernos".

A doutrina Espírita ensina que Deus criou todos os seres humanos como seres simples e ignorantes para que, com o próprio empenho e mérito, dentro de seus sentimentos e pensamentos, possam eles atingir níveis mais elevados de bem-aventurança. Isto é: a salvação ou a danação estão diretamente ligadas às obras, ao que se faz. As recompensas eternas estão ao alcance do ser humano, não dependendo de nenhuma intervenção divina. Sendo assim, optar pelo "céu" ou pelo "inferno" seria uma questão puramente pessoal e humana; porque, detentores que são de livre-arbítrio, todos tem o direito de escolher o próprio caminho, sabendo que, obrigatória e concomitantemente, há uma consequência para cada ato praticado.

Após a morte, ninguém terá garantido um passaporte para um lugar de regozijo e paz. Nem tampouco, será conduzido coercitivamente para um local de tormento. Ninguém, depois do sepulcro, gozará de um descanso eterno ou será afligido eternamente. Antes, voltará, reencarnado, para continuar em uma outra vida o aperfeiçoamento do seu espírito. Receberá uma nova chance de viver no mundo físico, seguindo a colheita dos frutos que plantou na vida anterior, de acordo com uma meritocracia individual, baseada tão somente no seu empenho pessoal e nas obras de caridade ou de maldade que implementou. Sempre convivendo com os seus "céus" e "infernos" pessoais.

Essa é a crença dos Espíritas.

O QUE DIZEM OS MUÇULMANOS

Diferentemente dos Espíritas, os Muçulmanos acreditam que o céu e o inferno são lugares geográficos bem definidos, porém, que existem em uma esfera espiritual e não no plano do nosso mundo físico. Eles acreditam que segundo está escrito no livro de fé e prática deles – o Alcorão ou simplesmente Corão – haverá um dia em que toda a humanidade será julgada. Todos ressuscitarão e serão submetidos a um julgamento final, quando terão seus atos cometidos em vida avaliados segundo a Lei de Alá, segundo o que está escrito no livro sagrado. Aqueles que viveram de acordo com os ensinamentos de Alá, irão para o céu, que eles chamam de paraíso. E aqueles que viveram em desacordo com esses ensinamentos, irão para o inferno.

O paraíso de Alá – também chamado de "Éden de Alá", é descrito como um lugar onde não haverá frio nem calor; onde os fiéis usarão roupas finíssimas; se assentarão em tronos e terão ao seu dispor muitas mulheres virgens para seus deleites sexuais e uma alimentação maravilhosa, abundante e inextinguível.

Já no inferno islâmico, o sofrimento será tanto físico quanto espiritual e variará de acordo com os pecados do condenado. Tal como descrito no Alcorão, *Jahannam* – palavra árabe para descrever inferno – tem sete níveis (cada um mais grave do que o que está acima dele); sete portas (cada uma para um grupo específico de pecadores); um fogo ardente, para castigar os corpos dos infiéis, sem consumi-los totalmente; água fervente, para que sintam sede e não bebam; e a Árvore da *Zaqqum* – uma árvore que tem seus frutos em formato de cabeça de demônios, os quais devem ser ingeridos pelos infiéis. Uma vez ingeridos, esses frutos passam a produzir uma queimação no estômago.

A pior punição para descrentes e malfeitores será a percepção de que eles falharam. Eles não prestaram atenção à orientação e avisos de Alá e assim, conquistaram sua ira. A palavra árabe, *jahannam* – palavra árabe para descrever inferno, significa literalmente "uma tempestade negra" ou "uma expressão severa". Ambos exemplificam a gravidade dessa punição. O Alcorão diz:

"Por certo, os que renegam a Fé e morrem, enquanto renegadores da Fé, sobre esses será a maldição de Alá e dos anjos e de toda a humanidade. Nela, serão eternos. Não se lhes aliviará o

castigo nem se lhes concederá dilação". [Sagrado Alcorão 2:161-162]

Nem todos os muçulmanos e estudiosos concordam se o inferno é um destino eterno ou se alguns ou mesmo todos os condenados eventualmente serão perdoados e autorizados a entrar no paraíso. Contudo, o verso do Alcorão acima afirma que "...*nem lhes concederá dilação*", ou seja: não tem perdão.

O QUE DIZEM AS TESTEMUNHAS DE JEOVÁ

As doutrinas das Testemunhas de Jeová são baseadas nos ensinamentos ditos bíblicos, interpretados por Charles Taze Russell - fundador do movimento estudantil da Bíblia - e os sucessivos presidentes da Sociedade Torre de Vigia – Joseph Franklin Rutherford e Nathan Homer Knorr. Desde 1.976, todas as decisões doutrinárias passaram a ser tomadas pelo Corpo Governante das Testemunhas de Jeová, um grupo de anciãos na sede do grupo em Warwick, Nova York. Estes ensinamentos são divulgados através da revista *"A Sentinela"* e outras publicações das Testemunhas de Jeová e nas convenções e reuniões congregacionais.

CÉU OU INFERNO?

O Grupo Religioso ensina que a atual ordem mundial, o mundo em que vivemos, que eles percebem como estando sob o controle de Satanás, será destruído por uma intervenção direta de Jeová (Deus), que usará Jesus Cristo para estabelecer plenamente seu governo celestial sobre a terra, aniquilando os seres humanos que Deus julgar serem maus e os governos controlados por Satanás, e criando uma sociedade limpa, de verdadeiros adoradores, que podem viver para sempre. Eles veem sua missão como principalmente evangelística (disseminando "boas novas"), para alertar o maior número possível de pessoas no tempo restante antes do conflito final. Esperam que todos os membros da denominação participem ativamente da pregação; por isso ensinam e incentivam o costume de ir de porta em porta, anunciando as suas doutrinas, através da comercialização de suas revistas. As Testemunhas de Jeová referem-se a todas as suas crenças coletivamente como "a verdade" e irritam a todos, principalmente durante os domingos, indo às casas das pessoas, a fim de pregar, sendo deveras incômodos e inoportunos.

Para os seguidores dos ditames da Sociedade Torre de Vigia – outro nome dado a essa religião – é correto pensar no céu como morada de Deus (Jeová) e das fiéis criaturas espirituais.

Todavia, esse céu é reputado como um domínio invisível aos olhos humanos e será um local destinado apenas a uma minoria privilegiada, a qual herdará o reino celeste, ou seja, a classe dos ungidos, composta de 144 mil pessoas. Para esse seletíssimo grupo, estão reservados os benefícios descritos no livro das Revelações (o Apocalipse da Bíblia normal) da Tradução do Novo Mundo – TNM – a bíblia deles (eles adotam uma "bíblia" própria). Esses benefícios são:

- O reinado milenar de Cristo, no qual os 144 mil tomam parte.

- O atributo de julgadores das nações.

- O sacerdócio como um serviço prestado a Jeová e a Cristo.

O segundo grupo, composto de todos os demais membros do jeovismo, é chamado de "a grande multidão", e o céu que se lhes reserva está estabelecido aqui mesmo, na Terra. Nele habitarão eternamente todos aqueles que não foram incluídos nos 144 mil e que também não foram aniquilados por Deus no conflito final, a partir de quando o governo teocrático de Jeová for instituído neste plano. Ou seja: O planeta Terra será um céu para quem viver segundo suas doutrinas. Para amparar essa doutrina, eles descontextualizam o texto bíblico verdadeiro do profeta Isaías, que fala de uma paz que alcança todas as formas de vida, ligando-as a uma harmonia inédita (Isaías 65), induzindo as pessoas a uma interpretação errônea da profecia há muito tempo desejada, a qual, na verdade, fala de uma condição ambiental completamente diversa desta que a humanidade atualmente experimenta.

Já o inferno, para as Testemunhas de Jeová, é a sepultura – o lugar dos mortos. Eles acreditam que o ser humano é constituído de corpo e alma. E, assim, entendem, creem e pregam que, após a morte do corpo, a alma adormece. Essa é uma doutrina deles denominada de "o sono da alma". Eles creem que os corpos e as almas das pessoas boas vão herdar o céu – 144 mil junto de Jeová, em um lugar espiritual; e a grande multidão herdará o céu aqui na Terra, no reino de Jeová, sob um governo teocrático. Quanto às almas das pessoas más, ao terem os seus corpos destruídos, elas estarão adormecidas na sepultura, no lugar dos mortos. Essa é a interpretação desse grupo. Muito embora esse grupo se pareça com uma denominação evangélica, **eles não são** classificados como tal. São, isto sim, uma religião à margem do verdadeiro evangelho bíblico.

O QUE DIZEM OS MÓRMONS

Os doutrinadores e os membros da Igreja de Jesus Cristo dos Santos dos Últimos Dias – os Mórmons – acreditam que a vida não começou com o nascimento e nem termina com a morte. Este "estado" mortal é apenas um entre muitos de uma existência infinita. A obra mórmon intitulada – Princípios do Evangelho – descreve o que seria a vida eterna para os adeptos dessa religião ou o tipo de vida que Deus leva. Acreditam numa pluralidade celeste que divide o reino de Deus em três partes: **celeste**, **terrestre** e **teleste**, sendo o celeste o mais alto e o terrestre, o segundo em grandeza. O teleste estaria reservado "para os que não receberam o testemunho de Jesus nem o evangelho de Cristo em vida" - pessoas que, por qualquer motivo, não ouviram e se ouviram, não aceitaram os ensinamentos de Jesus, segundo a doutrinação do Livro dos Mórmons. Dos três, o teleste é o menor em glória.

Enquanto os rabinos judaicos procuram associar a conduta humana à dos anjos, para que o homem pudesse almejar salvação no mais alto grau, os mórmons excedem em sua especulação declarando que devemos ser iguais a Deus, para que possamos habitar em Sua morada, o reino celestial, e não apenas imitadores, como propõe a Bíblia Verdadeira. Essa seria a única forma de alcançarmos salvação plena, esposada na sentença: "Se provarmos nossa fidelidade ao Senhor, viveremos no mais alto grau do reino celestial e seremos exaltados como o Pai". Alguns exemplos enumerados, a seguir, falam sobre como será a vida nos céus que os mórmons, supostamente, aguardam. O gozo celestial no mormonismo se traduz em:

• Viverão eternamente na presença do Pai celestial e de Jesus Cristo.
• Tornar-se-ão deuses.
• Terão consigo os membros dignos de sua família e, mesmo no céu, poderão gerar filhos e filhas espirituais.
• Receberão a plenitude da alegria.
• Terão tudo o que o Pai e Jesus Cristo possuem: poder, glória, domínio e conhecimento.

Os pontos enumerados oferecem aos mórmons uma ideia clara, embora absurda, de que hoje somos homens, mas se alcançarmos a exaltação plena – a celeste – após a morte seremos deuses, como Deus é. Porém, esta oferta jamais é encontrada nas páginas da Bíblia Verdadeira, e muito menos nos oráculos sagrados que os judeus e outros grupos religiosos observam.

Como exigências para que esta exaltação seja usufruída por seus fiéis, o mormonismo destaca cinco ordenanças, três a mais que aquelas que a Bíblia Verdadeira propõe aos cristãos evangélicos (Batismo e Santa Ceia). Vejamos quais são os pré-requisitos para usufruir o céu mórmon:

• Batismo e confirmação para ser membro da "Igreja de Jesus Cristo dos Santos dos Últimos Dias".
• Imposição de mãos para o dom do Espírito Santo.
• Investidura no templo – trabalho.
• Casamento para o tempo e para toda a eternidade.
• Batismo pelos mortos.

Essa última exigência, que merece destaque, fala a respeito de um mandamento que não pode ser esquecido pelos mórmons em vida: pesquisar sobre os parentes mortos, para que as ordenanças inerentes a eles possam ser cumpridas e, assim, também eles alcancem a exaltação prometida por Joseph Smith.

Como já foi dito, de acordo com os ensinamentos mórmons, o céu não é um lugar só. Mórmons acreditam num céu feito de três "reinos" ou "graus de glória" o Reino Telestial, o Reino Terrestre e o Reino Celestial. No Reino Celestial, o reino mais alto, eles acreditam que, sob a guia e tutela de Deus o Pai e Seu Filho divino Jesus Cristo, seres humanos crescerão e se desenvolverão até se tornarem deuses. Este conceito de "teosis" ou "exaltação" é importante no mormonismo. Todo mórmon fiel espera algum dia se tornar um deus, no reino celestial.

Já o inferno, segundo os mórmons, existe sim, porém, com o nome de Trevas Exteriores. E é bem diferente dos infernos ensinados por outras religiões ou pelos conceitos empíricos. Eles acreditam que o inferno é um reino, onde a pessoa ficará sozinha, nas trevas, para toda a eternidade. E não lhe será mais permitido que sua inteligência evolua. Trevas Exteriores é um reino escuro como o próprio nome diz. Aqueles que vão para este reino serão lá lançados sozinhos, em plena escuridão, para toda a eternidade e serão completamente afastados da presença do Pai celestial. Para este reino vão aqueles que se recusaram a aceitar a doutrina de Mórmon, fizeram maldades diversas, foram pervertidos, que praticaram os pecados ditos ''Imperdoáveis'': Negar o Espírito Santo e derramar sangue inocente. Para eles não haverá evolução. Ficarão lá, aprisionados para sempre. Esta é a doutrina dos Mórmons. Muito embora eles se pareçam com uma denominação evangélica - no seu falar, agir e portar – **eles não são**, pois adulteram vários ensinos da Bíblia Verdadeira e não tem esta como a única regra de fé e prática.

O QUE DIZEM OS BUDISTAS

O budismo é uma religião muito vasta, com milhões de seguidores. O ponto principal desta religião é essa vida terrena. Portanto, os budistas rejeitam a ideia de uma vida após a morte, céu ou inferno. Eles negam tudo isto. Então, a resposta à questão que se o budismo acredita no céu? É **não**. Os budistas não acreditam no próprio significado da palavra céu como sendo um lugar onde o nosso espírito vai viver uma vida descansada após a morte. Em vez disso, eles colocam o paraíso na terra, nesta vida física. Consideram isso um estado de espírito. Os budistas não acreditam em recompensa ou punição após a morte. Eles não acreditam no céu como o lugar que nos espera se tivermos sido bons. E nem tampouco acreditam no inferno como um lugar eterno, que iremos se formos maus. O que eles acreditam é que a sua única recompensa por ser bom é a libertação do sofrimento. É a salvação do renascimento em espírito, aqui na Terra, neste mundo físico em que vivemos.

O foco principal da religião budista é a vida terrena. Os budistas se concentram em viver uma vida amável e compassiva. Eles procuram a libertação do ódio, das mágoas e de todos os demais sentimentos negativos, enquanto vivem. Pensar sobre a alma humana, o criador (que está presente em outras religiões principais) e a vida adulta ocupam energia. Essa energia, na opinião deles, deve ser gasta compreendendo o caminho para a iluminação, procurando ser melhor mentalmente, procurando ter pensamentos mais elevados. Eles têm sua própria versão de algum tipo de céu. Mas é na Terra, neste universo, não na vida após a morte. E começa com o Samsara, ou o universo. O Samsara contém 6 reinos. O que pode ser visto como 6 estados mentais. Cada reino está associado a diferentes tipos de Ser:

- Seres celestiais
- Seres humanos
- Seres lutadores – o Ashura
- Fantasmas famintos – o Gaki
- Animais

• Infernos – seres desencarnados – espíritos vagantes.

Um ser humano pode percorrer esses reinos em sua vida terrena. Por exemplo, quando uma pessoa é boa, age com compaixão e bondade, então essa pessoa está no primeiro reino, entre os seres celestiais. Mas quando ela se irrita, é gulosa ou machuca alguém, ele vai de seres humanos, para o Ashura, podendo chegar ao Gaki. Os dois últimos reinos (estados mentais) – Animais e Infernos – acontecem somente através do processo de reencarnação.

As principais convicções do budismo rejeitam o conceito de vida após a morte e, portanto, as ideias e conceitos de punição ou recompensa na eternidade. Céu e inferno, no sentido de lugar de recompensa e punição, para este grupo, não existem. Essa é a crença dos Budistas.

O QUE DIZEM OS CATÓLICOS ROMANOS

A Igreja Católica Apostólica Romana arvora-se para si a arrogante assertiva de que ela é a única igreja verdadeira e que, portanto, é o único ajuntamento religioso legítimo no mundo. O único grupo religioso que representa o verdadeiro Deus e a verdadeira religião. Dentro desse contexto, ela afirma o conceito da infalibilidade papal – ou seja: o Papa tem o poder de emitir normas para a igreja sem a menor possibilidade de errar, pois ele é a representatividade do próprio Deus aqui na Terra (Essa é a crença dos católicos romanos).

Em função dessa suposta infalibilidade, ao longo dos anos, os papas têm normatizado a igreja sem o crivo do texto bíblico, que é o único documento comprovado histórica, geológica e antropologicamente de que se dispõe para as tratativas e regulações dos assuntos concernentes a Deus e Seu relacionamento com os seres humanos, bem como o destino dos homens após a morte. Nesse contexto, a igreja Católica editou o seu conceito de céu e inferno, a saber: são estados de espírito e também lugares cósmicos, nos quais se vive a plena comunhão com Deus e para os quais são conduzidos os corpos dos católicos, após a sua morte, corpos esses transformados, como hoje é o corpo de Jesus Cristo, segundo a crença e prática da religião, no seio da igreja. Explicando melhor: o céu, segundo a visão católica, é somente para os católicos, pois *"não há salvação fora da igreja"*. Isto é um dogma – uma verdade de fé que deve ser aceita por todos os católicos. E essa igreja aqui mencionada é a igreja católica, a qual, segundo a crença deles, a única igreja verdadeira. Portanto, o céu existe, é um estado de espírito e é também um lugar espacial, espiritual, onde se goza da plena comunhão com Deus, o Criador, onde habitam hoje os corpos ressurretos do Senhor Jesus Cristo, da virgem Maria, dos Santos e dos católicos mortos; é o lugar para onde irão todos os católicos, após a morte, que crerem e cumprirem os sete sacramentos: *batismo*, *confirmação* (crisma), *eucaristia* (transubstanciação do pão e do vinho da ceia no corpo e no sangue de Jesus Cristo, respectivamente), *reconciliação* (confissão de pecados), *unção dos enfermos*, *ordem* (exercício de funções religiosas) e *matrimônio*.

Já o inferno, segundo os católicos, é um estado de auto exclusão definitiva da comunhão com Deus e com os bem-aventurados. Essa é a definição de inferno que o Catecismo da Igreja Católica apresenta no número 1033. Mas que também é um lugar para onde vão aqueles que não crerem e não cumprirem os sacramentos e viverem suas vidas de forma desregradas.

Ao tratar sobre inferno, a igreja católica se auto constitui mãe que quer chamar os seus filhos à responsabilidade que devem ter em relação a sua liberdade, dom dado por Deus. Cada pessoa deve cuidar para não transformar tal dom em motivo de perdição, mas usar este dom em função do seu destino eterno na bem-aventurança. Realiza-se um apelo à conversão, adesão à vida nova encontrada na proximidade de Jesus Cristo. O Catecismo ainda alerta que, como não se sabe nem o dia nem a hora, deve-se vigiar para não ser pego de surpresa, equiparado a um servo ruim e preguiçoso, para o qual está destinado o fogo eterno (CIC nº 1036). Perceba que, muito embora a Igreja Católica tenha dificuldades de definir objetivamente o que é o céu e o inferno, ela o faz de forma subjetiva, mostrando que o céu é para os obedientes e bons e o inferno é para os desobedientes e maus. Ela define que a soma de uma aversão livre e voluntária a Deus, fruto da adesão ao pecado grave e a permanência nesta escolha até o fim da vida é o que resulta na pena eterna do inferno. É o pecado grave que é a causa do afastamento definitivo de Deus. Com essa afirmação, a Igreja Católica deixa claro que Deus não destina ninguém para o castigo eterno, mas pelo contrário, ela dá ao seu povo os meios capazes de levá-los ao céu; ela dispõe dos sacramentos, principalmente do sacramento da reconciliação (confissão de pecados).

Purgatório e Limbo

Há ainda, nas normatizações do catolicismo sobre este tema, a presença do Purgatório e do Limbo. A Igreja Católica descobriu quatro lugares no além: céu, inferno, purgatório e limbo. Para o céu vão os católicos obedientes – que cumpriram os sacramentos e viveram segundo eles. Para o inferno vão as pessoas que desacreditaram na "igreja" e que, portanto, viveram à margem de tudo o que essa "igreja" pregou e prega. São os que viveram fora da igreja. Essas pessoas jamais sairão do inferno. Esse destino é eterno. Para o limbo vão as crianças, as pobres crianças que morrem sem o sacramento do batismo e que, por isso, são classificadas pela igreja romana como pagãs. E para o purgatório vão os "católicos não praticantes". Aqueles católicos relapsos em sua fé, que não conseguiram ser muito firmes quanto à observância dos sacramentos. *"As almas do purgatório padecem um tormento muito semelhante ao das almas do inferno, com a única diferença de que as últimas nunca poderão sair do inferno, enquanto que, as do purgatório hão de sair de lá."* (Concílio de Florença, em 1.439). De acordo com este ensino, as missas celebradas pelos parentes ou conhecidos constituem o recurso para que as almas sejam aliviadas e deixem mais depressa o purgatório. Naturalmente, as missas para sufrágios dos parentes falecidos são cobradas, constituindo-se, assim, numa rentabilíssima indústria purgatoriana - uma grande fonte de arrecadação do catolicismo.

Essas são as crenças do Catolicismo Romano sobre a vida após a morte, sobre céu e inferno.

O QUE DIZEM OS EVANGÉLICOS

Este Grupo Religioso – os Evangélicos – tem como regra de fé e prática a Bíblia Sagrada. Apesar de serem muitas denominações, eles são unânimes quando o tema é a obediência aos escritos bíblicos. Para eles, a Bíblia é a Palavra de Deus e como tal, deve ser seguida à risca, para que não haja erros na prática da religião que adotam. No entendimento deles, nada, absolutamente nada, está acima das Escrituras Sagradas e o que foge delas é anátema (maldição).

Isto posto, a visão que eles têm de céu e inferno é exatamente o que a Bíblia fala a respeito. Tanto no Velho Testamento, como no Novo Testamento, há várias citações e descrições acerca desses lugares – céu e inferno. (Mais adiante, veremos a diferença entre Velho Testamento e Novo Testamento).

A Bíblia fala, logo nos seus dois primeiros versículos, que o céu e a Terra são lugares distintos e ambos foram criados por Deus – *"No princípio, criou Deus os céus e a terra. E a terra era sem forma e vazia; e havia trevas sobre a face do abismo; e o Espírito de Deus se movia sobre a face das águas"*. (Livro de Gênesis, capítulo 1, versículos 1 e 2 – Bíblia ARA). Para os Evangélicos, portanto, o céu é um lugar, criado por Deus, com diferenciação de níveis. Notem o plural na palavra "céus". Quando o Rei Salomão construiu o primeiro templo, ele mesmo afirmou que Deus é maior do que os céus - *"Mas será possível que Deus habite na terra? Os céus, mesmo os mais altos céus, não podem conter-te. Muito menos este templo que construí"!* (1º Livro dos Reis – capítulo 8, versículo 27 – Bíblia ARA). E o profeta Isaías afirma que ouviu Deus falar que o céu é o lugar do Seu trono – *"Assim diz o Senhor: "O céu é o meu trono; e a Terra, o estrado dos meus pés...* (Isaías 66:1 – Bíblia ARA). Então, perceba o Nobre Leitor que céu, na Bíblia, é um lugar criado por Deus e onde Deus habita. Para os Evangélicos, esta é a interpretação do que é o céu – é um lugar onde Deus tem a sua morada. Somado a esta interpretação, eles creem, também de acordo com o que está escrito na Bíblia, que além de ser o lugar onde Deus mora, o céu é, também, o lugar para onde vão todas as pessoas que antes de morrerem, de livre arbítrio, crerem e passarem a viver de acordo com os ensinamentos do Evangelho de Jesus Cristo. Ou seja: quem aceita a mensagem de Jesus e passa a viver em obediência a esta mensagem, que é o Evangelho, tem direito, após a morte, de ir morar com Deus, no céu (a palavra evangelho, traduzida do grego bíblico, significa "boas notícias").

A base da fé cristã evangélica é que o ser humano, por si só, não consegue reunir méritos suficientes para ter como recompensa ir morar com Deus, no céu, após a sua morte. O homem, depois de sua desobediência no Jardim do Éden (capítulo 3 do livro de Gênesis), passou a viver em um estado de vida em relação a Deus que os teólogos chamam de "estado de depravação total". Ou seja: a rebeldia do ser humano em relação ao seu Criador foi extrema e o levou a viver em total separação desse Criador. A estrutura espiritual do homem foi abalada de um tanto, que passou a impedi-lo, por seus próprios esforços, de recuperar a comunhão com o seu Deus. Por mais que o ser humano tente, ele não consegue, por si só, cumprir a justiça de Deus. Os esforços humanos não são suficientes para que essa justiça seja satisfeita. E aí, em ela não sendo satisfeita, o estado de comunhão entre Deus e o homem permanece rompido. Deus permanece "desconectado" do homem, até que essa justiça – a justiça pela desobediência do homem – seja aplacada.

"Consequentemente, assim como uma só transgressão resultou na condenação de todos os homens, assim também um só ato de justiça resultou na justificação que traz vida a todos os homens. Logo, assim como por meio da desobediência de um só homem muitos foram feitos pecadores, assim também, por meio da obediência de um único homem muitos serão feitos justos". – (Carta do Apóstolo Paulo aos Romanos, capítulo 5 – versos 18 e 19 – Bíblia NVI).

Pela desobediência de Adão – o primeiro homem – toda a raça humana se tornou desobediente e não conseguiu mais recuperar o estado de comunhão com Deus. Isto eles chamam de pecado, que significa: errar o alvo. Ou seja: Em Adão, todos os homens se tornaram pecadores. Houve aqui uma injustiça em relação a Deus, a ser reparada. Mas, pela obediência integral de Jesus Cristo, essa injustiça foi totalmente aplacada e, pelos méritos de Jesus Cristo, toda a raça humana pode recuperar a "conexão" com Deus, o seu Criador. Daí vem a firme crença desse Grupo Religioso de que, ao morrerem, eles irão morar com Deus, no céu. Pois, eles, hoje, na vida presente, creram no evangelho e aceitaram a provisão da obediência de Jesus como único método aplacador da justiça de Deus. Este processo de aceitação e crença no evangelho de Jesus Cristo é chamado de Salvação. Ou seja: Em Cristo, todos os homens podem ser salvos da ira de Deus em relação ao pecado. Os Evangélicos acreditam que uma pessoa é salva, quando aceita e crê na história de Jesus Cristo, do jeito que está escrito na Bíblia, sem tirar nem acrescentar nada.

Perceba aqui que há uma diferença entre a crença dos Evangélicos em relação a todas as outras religiões, com relação à recompensa de ir morar no céu, com Deus. Eles creem que essa recompensa é alcançada *pela fé* no sacrifício vicário de Jesus na cruz. Não é por nenhum mérito deles, pelas obras que eles fazem ou pelo seu bom comportamento. Não. Eles creem que Jesus Cristo obedeceu à justiça de Deus de uma forma definitiva e satisfatória, morrendo no lugar deles lá na cruz e a eles compete crer, obedecer e permanecer nessa obediência, até a morte ou a volta de Jesus aqui na Terra. Já as demais religiões, todas elas, baseiam a herdade da recompensa celestial no mérito de cada pessoa.

Existem muitos textos bíblicos que asseguram e garantem essa interpretação dos Evangélicos, sobre eles irem morar no céu, com Deus, após a morte, porém, um texto áureo sobre este tema é a passagem registrada pelo Apóstolo João, em sua narrativa da história de Jesus, quando ele escreve as palavras do próprio Jesus: "*Não se perturbe o coração de vocês. Creiam em Deus; creiam também em mim. Na casa de meu Pai há muitas moradas; se não fosse assim, eu lhes teria dito. Vou preparar-lhes lugar. E quando eu for e lhes preparar lugar, voltarei e os levarei para mim, para que vocês estejam onde eu estiver*". – (Evangelho de João 14: 1-3 – Bíblia NVI). Neste texto, assim como em outros textos do Novo Testamento, os Evangélicos baseiam a sua crença de que, quem hoje "está em Cristo", isto é: aceitou e creu no evangelho, se morrer, vai para o céu. E que em um determinado dia, Jesus Cristo irá voltar a este mundo, a fim de buscá-los e levá-los para juntos dele, para sempre. Isto eles chamam de vida eterna.

Céu e Paraíso – São a mesma coisa?

Jesus Cristo, quando estava sendo crucificado, disse a um dos marginais que também estava sendo crucificado ao seu lado, que ainda naquele mesmo dia ele estaria no paraíso – *"Um dos criminosos que ali estavam dependurados, dizia-lhe insultos: "Você não é o Cristo? Salve-se a si mesmo e a nós"! Mas o outro criminoso o repreendeu, dizendo: "Você não teme a Deus, nem estando sob a mesma sentença? Nós estamos sendo punidos com justiça, porque estamos recebendo o que os nossos atos merecem. Mas este homem não cometeu nenhum mal". Então ele disse: "Jesus, lembra-te de mim quando entrares no teu Reino". Jesus lhe respondeu: **"Eu lhe garanto: Hoje você estará comigo no paraíso."** –* (Lucas 23:39-43 – Bíblia NVI – negrito meu). Mas, esse paraíso é o céu? Sim. Estar com Deus e com Jesus, é estar no céu. É claro que, meu Ilustre Leitor, se você é um teólogo ou um estudante acurado da Bíblia, vai me questionar sobre a simplicidade dessa resposta. E eu lhe respondo que não é o objetivo deste livro fazer elucubrações teológicas; e que, por falta de espaço aqui, não citarei os versículos e referências bíblicas que me levam a depreender que paraíso e céu, no contexto geral da

Palavra de Deus, são a mesma coisa. Portanto, o ladrão foi se encontrar com o Senhor no céu, quem crê no Senhor Jesus e morre vai para o céu, tudo isso até acontecer a ressurreição e o arrebatamento, quando então, os que creem e estiverem mortos e os vivos arrebatados passarão não apenas a viver no céu, mas também a viver no céu eternamente com um corpo celestial. Atualmente apenas Jesus está no céu com um corpo celestial. Mais adiante, falaremos sobre os corpos terreno e celestial.

Bem, dada a explanação sobre a crença dos Evangélicos sobre o que é o céu, vamos, a partir de agora, ver o que é para eles o inferno.

Inferno segundo a Bíblia

O inferno é um lugar de intenso sofrimento que, segundo a Bíblia, serve de habitação para todos aqueles que foram condenados ao castigo eterno. A Bíblia se refere ao inferno tanto em seu estado atual, onde os ímpios (homens que praticam a impiedade; no contexto bíblico – aqueles que não creem em Deus) já estão sob tormento enquanto aguardam a ressurreição de seus corpos, como em seu estado derradeiro (também chamado de "lago de fogo"), quando os ímpios, juntamente com o diabo e seus anjos, serão eternamente castigados após o julgamento final.

Existe muita discussão e algumas dúvidas entre os evangélicos acerca deste assunto. Porém, com essa explicação e definição acima, todos concordam.

A doutrina bíblica acerca da realidade do inferno é muito clara e, por mais que pareça aterrorizante, não deve ser negada. Ao mesmo passo que a Bíblia ensina que a vida eterna dos salvos em Cristo, ao lado de Deus no céu é tão gloriosa que é inimaginável para nós na atualidade, ela também ensina que o tormento eterno dos ímpios no inferno é tão terrível que foge à nossa compreensão. Existem realmente muitas referências bíblicas que apontam para o inferno como um lugar real onde os ímpios e os anjos caídos (demônios) serão atormentados. Citar aqui todas essas referências é infactível; porém, mencionarei as seguintes:

"Então dirá também aos que estiverem à sua esquerda: Apartai-vos de mim, malditos, para o fogo eterno do inferno, preparado para o diabo e seus anjos..." - (Mateus 25:41 – Bíblia ARC Fiel).

"Se a sua mão o fizer errar, corte-a. É melhor entrar na vida mutilado do que, tendo as duas mãos e ir para o inferno, onde o fogo nunca se apaga, onde o seu verme não morre. E se o seu pé o fizer tropeçar, corte-o. É melhor entrar na vida aleijado do que, tendo os dois pés, ser lançado no inferno, onde o seu verme não morre, e o fogo não se apaga. E se o seu olho o fizer errar, arranque-o. É melhor entrar no Reino de Deus com um só olho do que, tendo os dois olhos, ser lançado no inferno, onde o seu verme não morre, e o fogo não se apaga". – (Marcos 9:43-48 – Bíblia NVI).

"Porém, quanto aos covardes, os incrédulos, os depravados, os assassinos, os que praticam imoralidade sexual, os bruxos e ocultistas, os idólatras e todos os mentirosos, a parte que lhes cabe será no inferno, no lago de fogo, que arde perpetuamente em meio ao enxofre. Esta é a segunda morte"! – (Apocalipse 21:8 – Bíblia King James Atualizada).

Perceba, o caro leitor, que a Bíblia afirma, categoricamente, que o inferno é um lugar preparado para o diabo e seus demônios, em contraposição com o Reino de Deus – o céu; perceba também que é um lugar para onde irão todas aquelas pessoas que não aceitarem e não obedecerem aos mandamentos de Deus, os quais se encerram na pessoa de Jesus Cristo. É exatamente assim que os Evangélicos acreditam.

Nesse primeiro capítulo, abordamos, de forma bem resumida, os principais pontos sobre o que é o céu e o inferno, sob a visão das 7 religiões mais mencionadas no ocidente. Deixamos de abordar propositalmente a visão de céu e inferno sob a ótica do **Hinduísmo** – a terceira maior religião praticada no mundo – por ser essa visão bastante semelhante à dos Espíritas, com algumas pequenas diferenças não muito relevantes.

Como já dito: atualmente, segundo estatísticas da Wikipédia - enciclopédia multilíngue de licença livre, estabelecida na Internet - e da CIA – a Agência de Inteligência dos Estados Unidos da América - existem no mundo mais de 10 mil religiões e esse número cresce à medida em que alguém tem uma experiência pessoal (sobrenatural ou não) e resolve fazer doutrina em cima dessa experiência. Portanto, torna-se inexaurível descrever o que cada religião acredita.

Capítulo 2

A Base para a Verdade

*"E vocês conhecerão a verdade
e a verdade libertará vocês".*
Jesus Cristo

Toda pessoa tem uma base sobre a qual pensa e age. Cada indivíduo no mundo tem a sua verdade. A partir de um conjunto de crenças e valores, cada pessoa forma a sua cosmovisão e, a partir desse ponto, procura alicerçar sua vida nessa visão de mundo, acreditando, pensando e agindo de acordo com aquilo que se chama de "a minha verdade".

Pôncio Pilatos, também conhecido simplesmente como Pilatos, foi governador da província romana da Judeia entre os anos 26 e 36 d.C. Na tradição cristã, ele é conhecido por ter sido o juiz que não interveio contra os judeus fariseus na condenação de Jesus Cristo a morrer na cruz.

Ele teve um diálogo com Jesus, antes de negar-se a fazer essa intervenção, onde ele apresenta uma questão muito interessante!

Na condição de governador da Judéia, no tempo de Jesus, Pilatos era um homem culto e poderoso, tinha a sua verdade e recusava-se a conhecer qualquer outra verdade, muito menos a aceitar uma Verdade Absoluta, que não fosse a sua. Quando Jesus foi trazido à sua presença, para ser interrogado, o governador se comportou com grande soberba, enquanto Jesus com profunda humildade. Um era o governador da Judéia, o outro o Rei do universo. Um era um pobre homem, o outro o Deus criador de todas as coisas encarnado. Pilatos perguntou se Jesus era rei e Ele respondeu dizendo: "*Tu dizes que eu sou rei. Eu para isso nasci e para isso vim ao mundo, a fim de dar testemunho da verdade. Todo aquele que é da verdade ouve a minha voz*". Foi neste ponto que Pilatos, com uma atitude de menosprezo por Jesus e extrema arrogância, perguntou: **"Que é a verdade?"**

Quando Pilatos dirigiu esta pergunta a Jesus ele não estava interessado na resposta. Tanto que logo em seguida à pergunta, ele se retirou de onde Jesus estava. Para Pilatos, aquilo que Jesus disse não fazia sentido algum. Como é que Jesus podia afirmar que veio ao mundo para testemunhar da verdade? Que verdade era essa a que Jesus estava se referindo? Deve ter pensado Pilatos. O que é a verdade? Perguntou Pilatos e saiu. Ele estava convencido de que não precisava esperar para ouvir a resposta, porque para ele a única verdade era a sua e as outras verdades eram relativas, e não absolutas. Para Pilatos a verdade dependia do ponto de vista de cada pessoa, de modo que, cada um tinha a sua verdade. Esse é o pensamento e a opinião das pessoas hoje em dia também. Cada um tem a sua própria verdade e o seu ponto de vista sobre ela. As pessoas não consideram a possibilidade de existir uma Verdade Absoluta, por isso, assim como Pilatos, não estão preocupadas em descobri-la e vivê-la.

Jesus disse aos seus discípulos que uma das características da Verdade, é que ela liberta e conduz à vida. Mas o que vemos hoje no mundo, na vida das pessoas que defendem as suas próprias verdades, é que essas pessoas não são livres e não tem vida, pelo contrário: vivem escravizadas pelo mundo e pelo sistema pecaminoso, e ao invés de esperança e contentamento, as pessoas vivem ansiosas, desesperadas e angustiadas, sem saber o que vai lhes acontecer no futuro, vivem mergulhadas na escuridão de seus questionamentos, cegas pelo seu próprio entendimento e leitura deformada da vida. A verdade que as pessoas defendem está sujeita a argumentações e mudanças; mas, Jesus mostrou, desde o seu diálogo com Pilatos, que a Verdade Absoluta, da qual Ele – Jesus – viera dar testemunho, é inabalável e contra ela não há argumentações, pois é absoluta. A Verdade quebra os grilhões do Sistema e traz o homem para a Luz, fazendo com que ele conheça sua real situação e busque se libertar pela acreditação nessa Verdade, que é a própria pessoa de Jesus Cristo. Quando o homem conhece Jesus e passa a ter um relacionamento com Ele, descobre a Verdade Absoluta, e percebe que aquilo em que confiava como sendo a verdade, não passava de mentira e engano. Ele percebe que a religião em que vivia e o que possuía como sendo a verdade, não passavam de sofismas e ilusões que o prendiam e o escravizavam. Por isso sua vida era vazia e sem sentido.

Quando Jesus se revela através de seus ensinamentos, os quais estão descritos nos evangelhos, na Bíblia, Ele enche o coração da pessoa, preenchendo todo o vazio e trazendo a essa pessoa a libertação dos sofismas que a dominavam até então. A paz, o conforto e o descanso emocional e espiritual vindos de Jesus trazem pleno contentamento à vida dessa pessoa e ela passa a conhecer o Caminho e a Vida, que estão associados à Verdade, a qual é a pessoa do Deus Encarnado - o próprio Senhor Jesus Cristo.

JESUS CRISTO É A VERDADE ABSOLUTA?

A essa altura, o leitor deve estar perguntando: *"Mas, por que eu devo acreditar que Jesus é a Verdade Absoluta"*? Essa é uma excelente pergunta, a qual deve ser respondida, dentre outros argumentos, com a utilização de provas e fatos. Essas provas e esses fatos estão descritos em várias partes do texto bíblico, texto este, que já está comprovado histórica, geológica, antropológica e filosoficamente. Senão, vejamos:

1 – Base Histórica

Bem, está mais do que provado que a história de Jesus é real. Aliás, é tão real que Ele dividiu a história em *a.C.* e *d.C.* – Antes de Cristo e Depois de Cristo. Ele existiu. Ele veio a este mundo, viveu nele os seus 33 anos, morreu e ressuscitou, exatamente como Ele mesmo previra desde que começou a discursar no mundo.

Viciados em teorias da conspiração adoram a ideia de que Jesus nunca teria existido. As histórias sobre sua vida, morte e ressurreição que chegaram até nós, seriam mera colagem de antigos mitos egípcios e babilônicos, com pitadas do Antigo Testamento para dar aquele saborzinho judaico. Na prática, Cristo não seria mais real do que Osíris ou Baal – dois deuses mitológicos que também morreram e supostamente ressuscitaram.

No entanto, para a esmagadora maioria dos estudiosos, sejam eles homens de fé ou ateus, a tese não passa de bobagem. A figura de Jesus pode até ter "atraído" elementos de mitos antigos para sua história, mas temos uma quantidade razoável de informações historicamente confiáveis sobre ele, englobando pistas de fontes cristãs, judaicas e pagãs.

Começamos com a própria Bíblia, no Novo Testamento, com as cartas do Apóstolo São Paulo, escritas entre 20 anos e 30 anos após a crucificação do pregador de Nazaré. Cerca de 40 anos depois da morte de Jesus, surge o Evangelho de Marcos, o mais antigo da Bíblia; antes que o século 1 terminasse, os demais Evangelhos alcançaram a forma que conhecemos hoje. A distância temporal, em todos esses casos, é mais ou menos a mesma que separava o historiador Heródoto da época da guerra entre gregos e persas, que aconteceu entre 490 a.C. e 479 a.C. – e ninguém sai por aí dizendo que Heródoto inventou Leônidas, o rei casca-grossa de Esparta.

Outra fonte crucial é Flávio Josefo, autor da obra "Antiguidades Judaicas", também do século 1. No texto de Josefo é possível constatar que Jesus seria um "mestre", responsável por "feitos extraordinários", crucificado a mando de Pilatos, cujos seguidores ainda existiam, apesar disso. Duas décadas depois, o historiador romano Tácito conta a mesma história básica, precisando que Jesus tinha morrido na época de Pilatos e do imperador Tibério (duas referências que batem com o Novo Testamento). Esses dados, dentre outros, mostram, incontestavelmente, a historicidade de Jesus.

2 – Base Geológica

Um estudo geológico realizado por cientistas norte-americanos e alemães revelou um dos grandes mistérios da história judaico-cristã: a morte de Jesus Cristo. Cruzando informações geológicas e astronômicas com textos bíblicos e históricos, além de diferentes calendários, eles teriam encontrado a data 3 de abril do ano 33, como a mais provável para esse importante evento. O pontapé inicial da pesquisa foi a revisão de dados do International Geology sobre as atividades sísmicas em um raio de 13 km de distância do Centro de Jerusalém, nas imediações do Mar Morto. A análise sísmica deve-se ao fato de ser citada a ocorrência de um terremoto após a crucificação do líder cristão, citada no Evangelho de Mateus, no capítulo 27, onde o relato bíblico afirma que *"a terra tremeu e fenderam-se as rochas"*. Foram analisadas amostras de solo da praia de Ein Gedi e foram detectados indícios de dois terremotos nos primórdios da Era Cristã, sendo que um deles teria ocorrido entre os anos 26 a.C e 36 d.C. Analisando também textos como os próprios evangelhos e as anotações do governador Tácito, além do calendário judaico e dados astronômicos, os pesquisadores acharam a data de 3 de abril de 33 d.C, como a mais provável para a morte de Cristo.

Portanto, a própria geologia, através deste e de outros estudos, prova que Jesus Cristo existiu.

3 – Base Antropológica

Antropologia é uma ciência que se dedica ao estudo aprofundado do ser humano. É um termo de origem grega, formado por "anthropos" (homem, ser humano) e "logos" (conhecimento). É a ciência do homem no sentido mais lato, que engloba origens, evolução, desenvolvimentos físico, material e cultural, fisiologia, psicologia, características raciais, costumes sociais, crenças etc. Nesse contexto, vemos com clareza nos relatos bíblicos e históricos que Jesus Cristo foi um homem, um ser humano, que brincou quando criança, chorou, teve seus dilemas como adolescente, trabalhou como carpinteiro e se tornou adulto no meio social de sua família – seus pais: José e Maria, bem como, seus irmãos e irmãs, no pequeno vilarejo de Nazaré, hoje uma cidade ao norte de Israel.

O Escritor, Antropólogo, Pesquisador, Teólogo e Filósofo espanhol Juan Alfaro, (1.914 a 1.992), retrata em todos os seus estudos sobre cristologia, que Jesus Cristo foi um homem-Deus. Ou seja, Ele teve as duas naturezas no mesmo ser – a natureza humana e a natureza divina, encarnada. Os estudos antropológicos evidenciam que Jesus, como homem, teve sentimentos – alegria, tristeza, raiva, frustração, medo; mas que, como Deus, soube lidar muito bem com esses sentimentos, ao ponto de supri-los na vida das outras pessoas. Esse é o grande mistério da encarnação e a prova de que Jesus é um ser real – morreu como homem e ressuscitou como Deus.

4 – Base Filosófica

Por que devemos acreditar em Deus? *"Porque os argumentos e evidências que apontam para a Sua existência são mais plausíveis e consistentes do que aqueles que apontam para a negação. Vários argumentos dão força à ideia de que Deus existe. Ele é a melhor explicação para a existência de tudo a partir de um momento no passado finito, e também para o ajuste preciso do universo, levando ao surgimento de vida inteligente. Deus também é a melhor explicação para a existência de deveres e valores morais objetivos no mundo. Com isso, quero dizer valores e deveres que existem independentemente da opinião humana".* – Resposta dada por **William Lane Craig** - conhecido Filósofo e Teólogo com vasto trabalho na filosofia do tempo e na filosofia da religião, especificamente sobre a existência de Deus e na defesa do teísmo cristão. Escreveu e editou mais de 30 livros, é doutor em filosofia e teologia em universidades inglesa e alemã e desde 1.996 é pesquisador e professor de filosofia na Universidade de Biola, na Califórnia. Atualmente vive em Atlanta, nos EUA, com a esposa. Craig pratica exercícios regularmente como forma de combater a APM (Atrofia Peroneal Muscular) uma doença degenerativa do sistema nervoso que lhe causou atrofiamento dos nervos das mãos e pernas. Especialista em debates desde o ensino médio, o filósofo passa a maior parte do tempo estudando.

E acerca de Jesus, Craig fala: *"Acreditamos em Jesus Cristo como a Verdade de Deus, revelada ao homem em carne e osso. Ele considerava as escrituras hebraicas como a palavra de Deus e cumpriu tudo o que está nessas escrituras. Seus ensinamentos são extensões do que é ensinado no Velho Testamento. Os ensinamentos de Jesus são direcionados à era da Igreja, que o sucederia. A questão, então, se torna a seguinte: temos boas razões para acreditar em Jesus? Ele é quem ele diz ser, a revelação de Deus? Acredito que sim. A ressurreição dos mortos, por exemplo, mostra que ele era quem afirmava"*.

Há ainda outras bases pelas quais é possível se constatar que Jesus Cristo veio a este mundo e ratificou ser a Verdade Absoluta da vida. Por exemplo, tem-se notícias de que, nas escavações arqueológicas feitas na cidade de Nazaré, em Israel, encontrou-se duas casas construídas de pedras, com vários cômodos, onde escritos do primeiro século atribuem serem essas casas as moradias dos habitantes daquela época, dentre os quais, está a família de Jesus. A arqueologia realizada nessas casas encontrou objetos de trabalho de um carpinteiro. E nos vários canteiros arqueológicos existentes em toda aquela região – Nazaré, Galileia e Jerusalém – é rica em demonstrações da existência e vida milagrosa de Jesus.

Bem, diante dessas 4 bases – a histórica, a geológica, a antropológica e a filosófica – e das demais evidências sobre a vida e obra de Jesus Cristo, é certo que podemos aceitar, sem receio algum, que Ele é a Verdade Absoluta, pela qual as outras "verdades" devem ser medidas.

Portanto, quando Ele mesmo diz: *"... Eu sou o caminho, e **a verdade** e a vida; ninguém vem ao Pai, senão por mim"*. – (Evangelho de João 14:6 – Bíblia Almeida Fiel e Corrigida – grifo meu), Ele está afirmando que não há outro caminho, não há outra verdade e nem há outra vida. Os artigos são definidos. Ele *é*. Se Pilatos tivesse considerado ao menos entender o que Jesus estava dizendo naquele diálogo, creio que a história teria tomado um rumo completamente diferente e bem melhor do que tomou.

Sendo Jesus Cristo a Verdade Absoluta e considerando que Ele testemunhou durante toda a sua vida que Ele veio ao mundo como o cumprimento das Escrituras Sagradas do Velho Testamento e se tornou o protagonista do Novo Testamento; considerando também que a sua vinda foi prevista por vários escritores do Velho Testamento, é assertivo e correto depreender que essas Escrituras – a Bíblia que temos hoje – pode e deve ser utilizada como o alicerce e o principal parâmetro para a construção dos argumentos sobre todos os assuntos relativos à vida humana, especialmente sobre a vida após a morte, sobre o céu e o inferno. Ou seja: falar acerca de céu e inferno, de vida após a morte, de salvação e danação e de experiências transcendentais ao existir neste mundo, deve ser uma tarefa desenvolvida utilizando-se, invariavelmente, a Bíblia como o solo forte em cima do qual as ideias devem ser edificadas.

A BÍBLIA DE QUE DISPOMOS HOJE É CONFIÁVEL?

A Bíblia é um livro de livros. Ela é formada, na realidade, por sessenta e seis livros, escritos ao longo de 1.500 anos, por 40 autores de diferentes épocas, diferentes níveis sociais e econômicos e diferentes personalidades. Esses livros foram escritos **sob a inspiração de Deus**, ou seja, o Espírito de **Deus inspirou os autores**. Deus não tomou a consciência desses autores e escreveu o livro. Não, absolutamente não foi isto que aconteceu. O que aconteceu foi que, enquanto cada autor escrevia com o seu próprio conhecimento e de forma consciente, vinha em sua mente os pensamentos inspirados por Deus. Tanto é que a coerência e a objetividade da mensagem são uniformes e são vistas em toda a Bíblia; todos os sessenta e seis livros apresentam coerência, uniformidade e objetividade naquilo que querem comunicar. Os sessenta e seis livros foram reconhecidos como canônicos, ou seja, como autênticos e verdadeiros, através de vários Concílios de líderes judaico-cristãos. A Bíblia é um livro que, desde a sua formação final, nunca saiu da posição de *"best seller"* – o mais lido e o mais vendido do mundo. É um compêndio de escritos que foi totalmente **inspirado pelo próprio Deus.** Foi um processo sobrenatural. Deus trouxe inspiração às mentes dos escritores e estes, usando os seus próprios talentos e raciocínios, escreveram.

A Bíblia é dividida em duas partes, as quais chamamos de Velho Testamento e Novo Testamento. A palavra "testamento" significa "aliança". Assim, esses testamentos focalizam duas alianças que Deus fez com os homens – a Aliança Mosaica e a Aliança Cristã. Em ambas, segundo o relato bíblico, o objetivo de Deus sempre foi *salvar e buscar o que se havia perdido*", ou seja, salvar o homem da condenação eterna.

O Antigo Testamento registra a criação do mundo e do ser humano – homens e mulheres – e, principalmente, o envolvimento de Deus com a nação de Israel, a quem Ele escolheu para Seu povo, para que, através deste povo, Jesus Cristo nascesse e implementasse a Nova Aliança, o Novo Testamento, onde é visto a busca de Deus por toda a humanidade e não só pelos judeus, mas por todos os povos, de modo a salvar esses povos da condenação eterna.

Ao longo dos seus 39 livros, o Velho Testamento é sobejado de profecias acerca de um Salvador-Libertador, que haveria de vir, um Messias, que instituiria um novo acordo entre Deus e os homens. O cumprimento dessas profecias é a história desse acordo, é a Nova Aliança ou Novo Testamento.

Os manuscritos originais do Antigo Testamento e suas primeiras cópias foram escritos em pergaminhos ou papiros, desde o tempo de Moisés (1.450 a.C), até o tempo de Malaquias (400 a.C). Em 1.947, já no século 20 da nossa era, foram descobertos os Rolos do Mar Morto ou Manuscritos do Mar Morto, uma cópia original de todos os livros do Velho Testamento, exceto o livro de Ester. Essa sensacional descoberta, que trouxe a lume um texto hebraico datado do segundo século antes de Cristo, foi e é, dentre outros, um instrumento fiel de verificação da exatidão e veracidade do Antigo Testamento.

Já com relação ao Novo Testamento, existem mais de cinco mil manuscritos ainda hoje, o que o torna o mais bem documentado escrito antigo.

Além de existirem muitas cópias em pergaminho, a maioria delas tem data de composição bem próxima à dos originais. Há aproximadamente setenta e cinco fragmentos de papiros datados de 135 A.D., possuindo vinte e cinco dos vinte e sete livros que o compõem. Há também traduções latinas feitas comprovadamente pelos escritores que viveram no terceiro século de nossa era, como, por exemplo, a tradução latina feita por Jerônimo de Estridão, um sacerdote católico, teólogo e historiador, canonizado pela Igreja Católica como São Jerônimo. Todos esses dados mais o trabalho feito pelos estudiosos de paleografia, arqueologia e crítica textual nos asseguram que possuímos um texto exato e fidedigno do Novo Testamento.

Posto isto, diante desses fatos, podemos e devemos aceitar, sem a menor sombra de dúvidas, que **toda a Bíblia** – tanto o Velho como o Novo Testamento – **são textos plenamente confiáveis.** Ela é a Verdade Absoluta para o Ser Humano em todas as esferas de sua vida.

OUTROS ESCRITOS RELIGIOSOS

Com relação a todos os demais escritos religiosos, tais como: o Alcorão, o Livro de Mórmon, o Evangelho segundo Alan Kardec, as bulas papais e o Catecismo da Igreja Católica Apostólica Romana, cabe dizer que eles carecem de comprovações históricas e de manuscritos originais. São obras literárias feitas a partir da **narrativa humana**, que afirmam até que tiveram uma revelação sobrenatural, mas que, contudo, não conseguem provar essa revelação. Portanto, em virtude dessa fragilidade comprobatória, tornam-se em um solo arenoso, sem consistência para sustentar ideias e argumentos sobre vida após a morte, bem como, sobre céu e inferno.

Para se tratar de assuntos que transcendem a este nosso mundo visível, faz-se necessário a utilização de uma base firme e forte, sobre a qual se pode construir os pensamentos acerca da verdade. Pelo que já foi visto, essa base é a Bíblia, pois ela se sobrepõe a todos os demais escritos – religiosos e pagãos – nas provas do tempo e da história. Dessa forma, pode-se e deve-se aceitar que a Bíblia é a Verdade Absoluta acerca de todos os aspectos que compõem a vida humana, inclusive sobre vida após a morte, sobre salvação ou danação eternas, sobre céu e inferno.

DOIS HOMENS – DUAS VERDADES

Francisco foi um homem intrigante e fascinante! Quando menino, no interior de Minas Gerais, sua mãe foi acometida de uma enfermidade grave e faleceu. Ele e seus irmãos ainda eram crianças e seu pai, diante da morte da esposa, se viu em apuros, pois não reunia meios para cuidar dos filhos e trabalhar. Então, tomou a decisão de dar os filhos aos tios, para que estes os criassem e os educassem. A Francisco coube ir morar na casa do tio José, o qual era rico e poderia lhe prover sustento e educação em um nível bem elevado. Porém, para que isto se tornasse uma realidade, ele deveria se submeter às regras da casa do tio José, naturalmente. Ocorre que obedecer a regras não era uma característica forte de Francisco e, com o passar do tempo e a chegada da adolescência, ele se conflitou com o tio e decidiu sair de casa e ir viver a vida por sua conta. Ele **escolheu** essa alternativa. Pegou o dinheiro que era seu por direito, como parte da herança do pai, e partiu para a cidade do Rio de Janeiro, para "tentar a vida". Foi orientado para procurar um parente, porém, como a rebeldia era sua marca maior, ao chegar na nova cidade, não procurou ninguém e foi dormir no banco de uma praça, em um bairro da zona sul. Aquele banco se tornou seu dormitório por alguns meses e aquela praça, a sua casa. Com o término do dinheiro e a chegada da fome, Francisco resolveu, então, procurar o tal parente indicado por seu tio e em o achando, logo percebeu que teria que enfrentar regras ali também, se quisesse teto e pão. Sem alternativa imediata, ele aceitou ficar na casa desse parente, o qual, notando a dificuldade de Francisco com as normas, sugeriu a ele que fosse se alistar nas Forças Armadas, pois lá ele teria trabalho, comida e dormida. Francisco animou-se e assim fez. Já pertencendo ao efetivo militar da Escola de Aviação do Exército, Francisco iniciou suas atividades como soldado ali e, em 45 dias de serviço ele ficou preso na cadeia do quartel por 30 dias, por causa de suas várias transgressões disciplinares. Diante desse quadro, ele foi expulso do Exército Brasileiro e voltou a dormir e morar na mesma praça que o "acolhera" no início de sua vida no Rio de Janeiro.

Por já ser conhecido na praça e no bairro, Francisco arrumou um emprego de entregador de pão. Ele passou a fazer as entregas dos pães nas residências dos moradores do bairro e adjacências, pela manhã e à tarde. Com isto, ele ficou ainda mais conhecido e se fez conhecer. Numa dessas entregas, ele conheceu Zélia, uma empregada doméstica de uma das residências onde ele entregava os pães. Namoraram, casaram e foram viver a vida juntos. Desse casamento nasceram 6 filhos, dos quais 2 morreram e a vida continuou a ser vivida por Francisco, com muita dificuldade financeira, sem a menor preocupação sobre o que viria após a morte, sobre céu e inferno, sobre o destino eterno de sua alma. Para ele, a vida era circunscrita a este espaço de tempo que vivemos aqui, nesse mundo visível.

O que passava disso, era "conto da carochinha". O mais importante para ele era comer, beber e dormir, nada mais. Para ele a vida se limitava a esses três verbos. Francisco nunca se preocupou com o estudo e a educação dos filhos. O lema dele era que a comida e o teto não podiam faltar. O resto era apenas o resto, inclusive educação, estudo e muito menos ensinos sobre a vida após a morte, sobre céu e inferno.

Aos 76 anos de idade, quando ele foi acometido por um Acidente Vascular Cerebral – AVC, o qual lhe causou perda de parte da memória e uma certa dificuldade de locomoção, eu fui ter com ele e o perguntei sobre o que ele pensava sobre a vida após a morte, sobre a eternidade, sobre céu e inferno. Ele prontamente me respondeu que essas coisas não existem. E acrescentou que para ele, a vida humana é igual à vida de um animal irracional – o ser nasce, cresce, se reproduz e morre totalmente – corpo e alma. Simplesmente deixa de existir.

Alguns meses depois de nossa conversa, Francisco suicidou-se – ingeriu dois frascos de veneno para ratos, diluídos em uma caneca de água. Ele **escolheu** dar cabo de sua vida. Isso foi muito triste para toda a família, inclusive para mim, pois Francisco era meu pai.

CÉU OU INFERNO?

Contei esse testemunho pessoal, com o objetivo de evidenciar a "verdade de Francisco". As experiências dele, bem como a sua obstinação e rebeldia, desde a sua fase infantil, forjaram uma "verdade" nele, a qual era falsa, era um sofisma. Ele aceitou essa "verdade" e formou a sua cosmovisão, a qual dirigiu a sua vida toda. Com a sua capacidade de escolha e diante dos inúmeros conselhos que ouviu, ele poderia ter mudado essa cosmovisão e ter tido um fim melhor. Mas, ele **escolheu** seguir seus instintos em detrimento de considerar as orientações.

"O caminho do insensato aos seus próprios olhos parece justo e reto, mas aquele que é sábio, dá ouvidos aos conselhos e orientações".
(Escritos Judaicos – Provérbios do Rei Salomão – capítulo 12 – verso 15).

Saulo foi um homem impressionante! Nasceu na cidade de Tarso, em uma província da Cilícia (hoje Turquia), na época em que o Império Romano dominava o mundo – por volta do ano 5 da nossa era. Filho de um casal de judeus, com cidadania romana, ele também adquiriu as duas cidadanias – a judia e a romana. Ao atingir a adolescência, foi para a cidade de Jerusalém, a principal cidade da Judeia, uma província romana, estudar teologia, pois este era um costume dos judeus – estudar para se tornarem doutores da lei judaica. Saulo estudou na renomada escola de Gamaliel, um dos doutores da lei mais famosos e competentes da época. Saulo já conhecia a cultura grega quando foi morar e estudar em Jerusalém. Ele também falava o aramaico – língua mais falada em Jerusalém, na sua época; era herdeiro da tradição do farisaísmo – um segmento religioso bem fundamentalista; estrito observador da Lei e mais avançado no judaísmo do que seus contemporâneos. Considerando todos estes aspectos, pode-se afirmar que sua família possuía alguns recursos e desfrutava de posição proeminente na sociedade. Ou seja, Saulo era o que hoje podemos chamar de um jovem bem-sucedido e rico.

Ele viveu na época em que o cristianismo estava nascendo como uma nova religião, com grupos se reunindo em vários locais da Judeia e adjacências. Como um judeu fundamentalista, do segmento do farisaísmo e extremo observador da lei, ele foi orientado a coibir qualquer movimento religioso que não fosse a prática do judaísmo. E assim ele o fez, com toda a sua inteligência e força. Ele liderou equipes de homens para procurar, maltratar e até matar pessoas que estivessem praticando o cristianismo. Ele, até então, acreditava piamente que agindo dessa forma, ele estaria agradando a Deus e cumprindo a sua missão aqui na Terra, para que futuramente ele pudesse herdar o céu. Ele acreditava em céu e inferno, pois fora ensinado assim desde sua tenra infância. E já na fase adulta de sua vida, ele **escolheu** este caminho – ser zeloso da lei ao extremo, mesmo que isto custasse a vida de outras pessoas.

Ocorre que, de acordo com a biografia de Saulo, em uma de suas investidas contra os cristãos, ele teve uma experiência pessoal com o Cristo ressurreto, o qual lhe apareceu no caminho da cidade de Damasco, em forma de uma luz muito brilhante, da qual saiu uma voz, que lhe perguntou: *"Saulo, Saulo, por que me persegues"*? Ele, como era muito respeitoso com as autoridades, respondeu à voz que ouvira com uma outra pergunta: *"quem és tu, Senhor"*? E a resposta foi: *"Eu sou Jesus, a quem tu persegues; mas, levanta--te e entra na cidade, onde te dirão o que te convém fazer"*. Essa experiência colocou Saulo de Tarso diante de uma encruzilhada da vida. Às vezes a vida nos coloca nessas encruzilhadas, onde devemos tomar uma decisão, onde devemos fazer uma escolha. Isto acontece com todos nós. Naquele momento, Saulo **e**scolheu obedecer àquela voz em detrimento de sua bagagem intelectual. Ele fez uma análise rápida e decidiu ali, naquele momento crucial, considerar a possibilidade da "sua verdade" estar errada e a Verdade daquela voz estar certa. Ele poderia optar por não dar ouvidos à voz e seguir em frente com o seu plano de exterminar os cristãos. Mas, ele resolveu dar crédito ao que ouviu no meio da luz e foi averiguar. A história dele continua e, a partir dessa experiência sobrenatural, **que ele escolheu aceitar**, ele mudou o seu nome para Paulo (que significa "pequeno" ou "menor"), transformou-se no Apóstolo Paulo, passou a anunciar a mensagem de Cristo aos povos gentios (não judeus) e, de perseguidor, passou a defensor dos cristãos, tornando-se o mais influente escritor do cristianismo primitivo, cujas obras compõem mais da metade do Novo Testamento da Bíblia. Conta-nos a tradição judaico-cristã, que ele morreu contente e satisfeito, aos 66 anos de idade, decapitado em Roma, defendendo a fé cristã.

Saulo de Tarso – ou Apóstolo Paulo – escolheu mudar a sua cosmovisão a partir de uma experiência pessoal, sendo sensato na sua avaliação sobre a sua verdade de vida. Ele avaliou, escolheu e agiu no sentido de que a sua verdade individual passasse a ser a Verdade de Deus. Por causa disso, ele e todos nós só ganhamos.

"*Diz o insensato no seu coração:*
Não existe Deus".
(Escritos Judaicos – Livro dos Salmos
– capítulo 14 – verso 1).

Veja você, ilustre leitor, como a vida é feita de escolhas. E como toda escolha tem a sua consequência. Enquanto Francisco escolheu a sua verdade de obstinação, rebeldia e tolice, e por conta disso, experimentou uma vida inteira de frustrações e descontentamentos, culminando com o suicídio, muito embora ele tenha sido conscientizado várias vezes sobre sua condição de erro; Saulo escolheu a Verdade de Deus, a Verdade Absoluta. Ele teve a coragem de mudar de opinião e, consequentemente, mudar sua cosmovisão, ao ser confrontado sobre o seu erro. E apesar de todos os percalços que experimentou, viveu uma vida inteira de contentamento, alegria e paz e se tornou o segundo maior nome do cristianismo, ficando atrás apenas do próprio Cristo.

Assim ainda é nos dias de hoje: Os homens ainda podem ser divididos entres os insensatos e os judiciosos. Estes, via de regra, são contentes e realizados; aqueles, infelizmente, acabam trilhando por caminhos tortuosos, que culminam no descontentamento e na frequente insatisfação, finalizando em morte. Que Deus nos ajude a escolhermos pertencer ao grupo dos judiciosos.

Existe a Verdade Absoluta e a nossa verdade. A escolha é nossa.

Capítulo 3

A Eternidade do Homem

"Tudo fez Deus formoso no seu devido tempo; também pôs a eternidade no coração do homem"...
Rei Salomão
Livro de Eclesiastes
Capítulo 3 – Verso 11.

Tudo o que existe, existe porque Deus criou. E não apenas criou a partir do nada o que existe, como também o fez com refinada formosura e no tempo adequado para cada criação. Dentre as coisas maravilhosas que Deus fez, está o homem – o Ser Humano – homem e mulher – o masculino e o feminino! O homem é a mais bela criação, porque foi criado conforme a imagem e semelhança do próprio Deus. Que lindo! Somos a obra prima do Criador! O arremate da criação! O universo com toda a sua vastidão, os céus dos céus com toda a sua magnitude e as galáxias incontáveis com toda sua miríade de luzeiros, não refletem tanto a majestosa criação divina como o homem. Este sim, é a coroa da criação. E como tal, recebeu o sopro da vida de Deus em suas narinas e se fez alma vivente, ou seja, se fez eterno como Aquele que o criou. O fato de Deus ter soprado nas narinas do homem ainda inerte o fôlego da vida, fez do homem um ser eterno.

Muito embora haja a antiga discussão entre o criacionismo e o evolucionismo, o fato é que o homem foi criado a partir do pó da terra e não se evoluiu do macaco ou de qualquer outra criatura. Estudos já comprovados cientificamente indicam que o material orgânico que compõe o corpo humano contém argila em toda a sua composição, ratificando assim o relato bíblico de que o homem foi criado do pó da terra; enquanto que não há nenhuma prova científica de que o homem é fruto de alguma evolução de outras formas de vida.

Bem, voltando à Verdade de que o homem foi criado por Deus, conforme a Sua imagem e semelhança e considerando que Deus não faz nada sem propósito, depreende-se, pois, que o homem foi criado para ter contato com Deus, para ter um relacionamento com o seu criador, para ter comunhão com Deus. O homem foi criado para se deleitar em

Deus e para ser o alvo do deleite de Deus. O homem foi criado para adorar a Deus. Este é o propósito de nossas vidas – a adoração ao Deus que nos criou. Por isso Deus colocou a eternidade em nossos corações, como bem diz o Rei Salomão, na frase citada no preâmbulo deste capítulo. Deus é eterno e Ele colocou no homem as mesmas características do Seu ser, inclusive a eternidade.

OS INDÍCIOS DA ETERNIDADE DO HOMEM

É facilmente percebido que o homem é um ser eterno, ao contrário dos animais irracionais e dos outros seres vivos. Basta prestarmos atenção à nossa vida e à vida ao nosso redor, que notaremos essa Verdade com facilidade.

Faço uso aqui de quatro tópicos escritos por **Hernandes Dias Lopes,** - pastor da Igreja Presbiteriana do Brasil, Teólogo, escritor, membro da Academia Evangélica de Letras do Brasil e diretor executivo da Editora Luz para o Caminho – que indiciam muito bem a eternidade do homem:

1 – O Homem Foi Criado Para a Transcendência

"*As coisas que vemos e apalpamos, por mais raras, por mais nobres e por mais caras que venham a ser, não podem atender aos reclamos de nossa alma. Bens terrenos, prazeres efêmeros, conquistas financeiras não preenchem o vazio do nosso coração. Fomos criados para alturas mais excelsas. Fomos feitos para aspirações mais sublimes. Temos em nós não apenas as digitais do criador, mas também, sua própria natureza. Fomos criados como seres morais e espirituais. Fomos feitos para nos relacionarmos com Deus, amá-lo e frui-lo. Só o que é transcendente pode satisfazer aos anseios mais profundos do nosso ser*".

2 - O Homem Foi Criado Para a Eternidade

"*Deus criou anjos, homens e animais. Os anjos são espíritos, mas não têm corpo. Os animais têm corpo, mas não têm espírito. O homem tem corpo, alma e espírito. É um ser físico, emocional e espiritual. Tem imanência e transcendência. Pertence ao tempo, mas ruma para a eternidade. Vive na história, mas seus olhos miram o que está para além da história. A morte não pode colocar um ponto final em sua existência. Deus colocou a eternidade em seu coração. Sua existência não se limita ao breve percurso do berço à sepultura. A eternidade está em seu coração. Os luzeiros do tempo não podem iluminar os recantos de sua alma".*

3 - O Homem Foi Criado Para Os Prazeres Mais Elevados

"Quando a Bíblia diz que Deus colocou a eternidade no coração do homem, está dizendo, também, que os prazeres terrenos e temporais não podem satisfazer sua alma. Os prazeres desta vida e as paixões carnais não saciam sua sede de prazer. As taças transbordantes dos deleites deste mundo podem satisfazer o homem por um tempo, mas depois entorpecem sua mente, anestesiam sua consciência e escravizam sua vontade. Somente os prazeres espirituais, resultantes da comunhão com Deus podem serenar sua alma, aquietar sua mente e transbordar de gozo o seu coração. Uma vez que o homem foi criado por Deus e para Deus, somente o próprio Deus pode dar sentido à sua vida".

4 - O Homem Foi Criado Para a Vida Eterna

"Aqueles que investem apenas nesta vida são loucos. Aqueles que buscam o sentido da vida nas aventuras da embriaguez, ou na instabilidade das riquezas, ou nas aventuras do sexo ou mesmo no glamour do sucesso descobrem que todas essas conquistas não passam de vaidade. Tudo isso tem um brilho fugaz, como a névoa. Nossa alma não encontra pouso certo senão nos braços de Deus, que se revela na pessoa de Jesus. Nosso coração não encontra porto seguro, senão na posse da vida eterna. Essa vida eterna não se compra com dinheiro nem se alcança por merecimento. A vida eterna é uma oferta da graça de Deus, recebida mediante a fé em Jesus Cristo. Somente o homem que tem a vida eterna é verdadeiramente feliz. Sua bem-aventurança não se limita ao tempo, mas transborda para dentro da própria eternidade".

Considerando o escrito acima e certos de que indício é tudo aquilo que indica a existência de algo, com muita probabilidade; fica nítido, a este ponto, que o homem é um ser eterno e como tal, viverá após a sua morte física, em algum lugar – ou no céu, ou no inferno.

A COMPOSIÇÃO DO SER HUMANO

O criacionismo preconiza que o ser humano é composto de espírito, alma e corpo. O homem é um espírito, possui uma alma e habita dentro de um corpo. E de onde vem que o ser humano tem essa composição? Vem dos mais variados estudos de filosofia, antropologia, psicologia e teologia realizados ao longo de nossa era. Vem também da Bíblia – a Verdade Absoluta. Seria maçante eu colocar aqui todas as fontes e referências de todos esses estudos; em contrapartida, seria passível de questionamento verossímil se eu omitisse essas fontes. Por isso, indico aqui para o Caro Leitor, o acesso ao link de Internet abaixo, o qual contém um capítulo escrito por *Anthony Hoekema*, onde ele explica o tema e cita as fontes e referências sobre a tríade do Ser Humano:

http://www.monergismo.com/textos/antropologia_biblica/tricotomia_hoekema.htm#_ftn1

O Ser Humano, o homem no sentido genérico, deve ser visto, estudado e analisado como um ser integral. Não há separação de suas partes. Não existe a menor possibilidade de separar o espírito da alma e estes do corpo **enquanto o homem está vivo**. Essas partes somente se separam quando o homem morre. Portanto, a composição do homem é um ser só, subsistindo, enquanto viver, em três partes – espírito, alma e corpo. O espírito e a alma são chamados de "o homem interior" e o corpo físico é chamado de "o homem exterior".

O Teólogo **Elienai Cabral** faz a seguinte definição sobre este tema, definição esta que traduz exatamente o meu entendimento e o meu conceito sobre o assunto. Escreve ele:

"O homem é um ser tricótomo. O termo tricotomia significa "aquilo que é dividido em três" ou "que se divide em três tomos". Em relação ao homem, o termo tricotomia refere-se às três partes do seu ser: corpo, alma e espírito. Há divergência neste ponto entre alguns teólogos. Há aqueles que entendem o homem como apenas um ser dicótomo, ou seja, que se divide em duas partes: corpo e alma (ou espírito). Os defensores da dicotomia do homem unem alma e espírito como sendo uma e a mesma coisa. Entretanto, parece-nos mais aceitável o ponto de vista da tricotomia. Esse conceito da tricotomia crê que o homem é uma triunidade composta e inseparável. Somente a morte física é capaz de separar os elementos que compõem essa triunidade, dando destino a cada uma delas.

1) **O corpo**: *É a parte inferior do homem que se constitui de elementos químicos da terra como oxigênio, carbono, hidrogênio, nitrogênio, cálcio, fósforo, potássio, enxofre, sódio, cloro, iodo, ferro, cobre, zinco e outros elementos em proporções menores. Porém, o corpo com todos esses elementos da terra, sem os elementos divinos, são de ínfimo valor. No hebraico, a palavra corpo é* **basar**. *No grego do Novo Testamento, a palavra corpo é* **somma**. *Portanto, o corpo é apenas a parte tangível, visível e temporal do homem. É a parte material. O corpo é a parte que se separa dos dois outros elementos, na morte física.*

2) **A alma**: *É preciso saber que o corpo sem a alma é inerte. A alma precisa do corpo para expressar sua vida funcional e racional. A alma é identificada no hebraico do Velho Testamento por* **nephesh** *e no grego do Novo Testamento por* **psyquê**. *Esses termos indicam a vida física, emocional e racional do homem. Os vários sentidos da palavra alma na Bíblia, como sangue, coração, vida animal, pessoa física; devem ser interpretados segundo o contexto da escritura em que está contida a palavra "alma". De modo geral, em relação ao homem, a alma é aquele princípio inteligente que anima o corpo e usa os órgãos e seus sentidos físicos como*

agentes na exploração das coisas materiais, para expressar-se e comunicar-se com o mundo exterior. **Nephesh** *dá o sentido literal de "respiração da vida", enquanto* **Psyquê** *dá o sentido de "pensamentos e sentimentos".*

3) **O espírito**: *No hebraico é* **Ruach** *e no grego,* **Pneuma***. O espírito do homem não é simples sopro ou fôlego, é vida imortal. O espírito é o princípio ativo de nossa vida espiritual, religiosa e imortal. É a eternidade do homem. É o elemento de comunicação entre Deus e o homem. Certo autor cristão escreveu que "corpo, alma e espírito não são outra coisa que a base real dos três elementos do homem: consciência do mundo externo, consciência própria e consciência de Deus".*

E é justamente pelo fato de o homem ser tricótomo – subsistir em três partes – é que fica ratificada sua eternidade. A vida não acaba com a morte física. O corpo sim, este acaba com a morte física – ... **"até que tornes à terra, porque dela foste formado, pois tu és pó e ao pó tornaras".** ... – (Escrituras Judaicas – Bíblia – Velho Testamento – Livro de Gênesis – capítulo 3 – verso 19). Já as outras partes, não. Essas são eternas.

Portanto, o corpo vira pó e a alma e o espírito ganham um destino eterno.

Ora, se a vida não termina, ela terá de ser continuada em algum lugar da eternidade. E é aqui que se inicia a explicação deste tema sob a perspectiva de Deus, sob a ótica da Teologia. Todas as demais ciências que estudam a vida em si, definem os seus ensinamentos e encerram os seus conceitos na finitude existencial dessa vida com a morte física. Somente e tão somente a Teologia considera, analisa, estuda e comprova que a vida é muito mais do que um mero existir nesse breve espaço de tempo que passamos no corpo físico. A vida do homem é eterna.

O DESTINO ETERNO DO HOMEM

A Tanatologia – estudo científico da morte – trata da morte como o fim de um sistema biológico, de um organismo vivo; sobretudo, do organismo humano e define morte como o final da existência de vida. Contudo, esse estudo limita-se ao término da vida do corpo. Não amplia seu conhecimento para a alma e nem para o espírito. Esse estudo existe desde os tempos do Império Romano e os romanos se inspiraram na mitologia grega para criar suas próprias histórias mitológicas. Como a personificação da morte entre os gregos era conhecida como o deus Tanatos, os romanos a renomearam para o deus Mors. Mais tarde, esse nome se transformou no termo latino que deu origem à palavra morte, a qual, em um contexto geral, traduz a cessação das atividades biológicas de um ser.

A Teologia – ciência que se ocupa dos estudos de Deus, de sua natureza e seus atributos e de suas relações com o homem e com o universo, acrescida da rica herança intelectual da cultura hebraica, define morte como uma separação. Morrer é separar-se e o contrário também é verdadeiro: separar-se é morrer. A separação entre pessoas ou entre as pessoas e quaisquer outros seres, gera morte. Toda separação gera morte. Veja a história do Filho Pródigo, contada por Jesus Cristo, segundo o médico evangelista *Lucas de Antioquia*, no capítulo 15 de evangelho que leva o seu nome: ... ***"Porque este meu filho estava morto e reviveu; tinha-se perdido e foi achado"***. (Lucas 15:24). Pode parecer estranho o fato do pai, nesta conhecida história, dizer: "*Meu filho estava morto*". Embora ele ainda vivesse, antes de seu retorno, o filho estava morto no que dizia respeito ao pai, pois estava separado dele. Se você tem um animal de estimação e este animal, por algum motivo, é levado de você, é separado de você, ele estará morto, pois você estará impedido de vê-lo e de interagir com ele, mesmo que ele esteja com vida em algum outro lugar. Toda separação gera morte e toda morte gera separação.

Diante deste fato, passo a descrever aqui as duas mortes ou as duas separações pelas quais o Ser Humano passou ou pode passar:

1 – A Morte Espiritual

Quando Deus criou o homem, Ele lhe deu uma única ordem: ***"Da árvore da ciência do bem e do mal, dela não comerás; porque, no dia em que dela comeres, certamente morrerás"*** (Bíblia – Velho Testamento - Livro de Gênesis, capítulo 2 – verso 17). O homem transgrediu essa ordem; consequentemente a morte entrou no mundo e passou a todos os homens, porque ali, naquele momento, aquele Homem era a representatividade de todos os homens, de toda a raça humana. Naquele momento, aquele homem chamado Adão estava morto para Deus e a sua semente – os demais homens gerados a partir dele, mesmo vivendo por séculos, estavam todos separados de seu Criador por causa da desobediência. Ali, naquele instante, foi gerada a pior das mortes – a Morte Espiritual, a qual condenou o Ser Humano – homem e mulher – a viverem apenas fisicamente, comendo, bebendo, relacionando-se entre si; porém, separados do seu Criador e Deus, legando essa separação a toda a humanidade. Ou seja: a humanidade passou a não conhecer a Deus e a ficar distante dele. E para suprir esse distanciamento e esse desconhecimento, começou a inventar deuses para reverenciar e adorar, pois a verdadeira adoração fora interrompida pela Morte Espiritual. Essa morte trouxe, também, um legado de perda das características de Deus que o Homem possuía, como a eternidade do corpo. O Homem recebeu como "salário", como recompensa da desobediência: a morte do seu corpo, a morte física – ***"o salário do pecado é a morte"*** – (Carta do Apóstolo Paulo aos Romanos – capitulo 6 – verso 23).

2 – Morte Física

Com o advento do erro do Homem, foi gerada a sua Morte Espiritual e como consequência, ele recebeu a paga que é a Morte Física. O seu corpo, até então, criado para ser eterno e para viver em plena comunhão com o seu Deus, perdeu o atributo da eternidade e passou a ser limitado pela morte biológica. A Morte Espiritual trouxe limite temporal à vida corpórea do homem e fez com que o seu corpo ficasse condenado a viver por um breve espaço de tempo e durante esse tempo, fosse envelhecendo e se enfraquecendo, de modo tal que os seus dias chegassem à finitude e o seu corpo voltasse a ser pó – ... *"até que tornes à terra, porque dela foste formado, pois tu és pó e ao pó tornaras"*. ... – (Escrituras Judaicas – Bíblia – Velho Testamento – Livro de Gênesis – capítulo 3 – verso 19).

Perceba, o Caro Leitor, que a Morte Espiritual causou a separação entre o homem e Deus; e a Morte Física causou a separação entre o espírito e a alma do homem do seu corpo. Toda morte gera separação e toda separação gera morte.

Fica fácil aqui depreender com clareza que os destinos das partes imaterial e material do homem são bem definidos: o corpo (homem exterior) vira pó, vira terra, se desfaz. E o espírito e a alma (homem interior) seguem para a eternidade, pois eles são imortais. Eles não perderam a característica da eternidade com a desobediência de Adão. Eles apenas foram amortecidos e perderam a capacidade de se relacionarem com Deus. Porém, continuaram eternos.

Mas, se o espírito e a alma do homem são eternos e se separam do corpo no ato da morte física, qual é o destino eterno deles? Bem, neste ponto da leitura o Nobre Leitor já percebeu ou entendeu que a Bíblia Sagrada é a Verdade Absoluta, conforme vimos no Capítulo 2. A Bíblia é **a única fonte** que fala abertamente sobre o tema e define, com extrema nitidez, o destino eterno do homem. O espírito e a alma do homem, quando este morre, vão para a eternidade. Eles não adormecem. Eles não deixam de existir. Eles vão viver na eternidade. Eles vão para o céu ou para o inferno.

Discorreremos mais detalhadamente sobre como isto se processa no capítulo seguinte.

Capítulo 4

A Existência na Eternidade

*"O tempo é a imagem móvel
da eternidade imóvel".*
Platão.

Como visto lá na introdução deste livro, não há uma foto ou um vídeo que retrate o que acontece logo após a morte física. Contudo, como também visto no Capítulo 3, o homem é um ser eterno. E ele vai viver na eternidade. Isto é fato. Porém, a questão é: onde e como será essa vida na eternidade?

Bem, para responder a isto, necessário se faz relembrar que o homem teve o seu corpo criado do pó, do barro e teve o fôlego da vida soprado em suas narinas pelo próprio Criador – *__Então o Senhor Deus formou o homem do pó da terra e soprou em suas narinas o fôlego de vida, e o homem se tornou um ser vivente__*. (Bíblia Sagrada – Livro de Gênesis – capítulo 2 – verso 7). Ora, se Deus foi quem deu a vida, através de um sopro de Sua boca, parece-me óbvio que essa vida volte a Ele. Então, logo após a morte física, a alma e o espírito, que são eternos, deveriam voltar para Deus e passar a viverem na eternidade, junto com Ele que os criou, para todo sempre. Essa é a lógica humana. Porém, a coisa não acontece desse jeito. Deus não planejou a morte. O plano original não previa a presença da morte na relação Deus-Homem. O homem foi criado para ser eterno – corpo, alma e espírito – para viver eternamente ao lado do seu criador. Não deveria ter separação entre este e aquele.

Ocorre que houve um lamentável e lastimável episódio, no início da criação, que desencadeou um verdadeiro caos na história da humanidade. Esse episódio fez com que a morte passasse a ser presente nessa história, interrompendo, de forma abrupta e cruel o relacionamento de Deus com o homem, separando este daquele. Essa separação fez com que o homem perdesse grande parte das características de Deus, as quais foram "sopradas" anteriormente em suas narinas, quando Deus o criara. O homem passou a existir como um ser limitado e finito. O episódio aqui referido foi a desobediência do homem a uma ordem expressa de Deus:

"O Senhor Deus colocou o homem no jardim do Éden para cuidar dele e cultivá-lo. E o Senhor Deus ordenou ao homem: "Coma livremente de qualquer árvore do jardim; mas, não coma da árvore do conhecimento do bem e do mal, porque no dia em que dela comer, certamente você morrerá". (Bíblia – Livro de Gênesis – capítulo 15 – versículos 15 até o 17. O sublinhado é meu).

O Criador é quem pode definir o *"modus vivendi"* da criatura. Quem cria, cria com um propósito e estabelece regras para que este propósito seja atingido. Deus criou o homem para, de maneira prazerosa e voluntariamente, adorá-Lo e obedecê-Lo. O homem recebeu o arbítrio de, por vontade própria, andar com Deus em adoração e obediência. Isto foi proposto a ele logo após a sua formação. Porém, ele escolheu seguir o seu próprio caminho e resolveu espontaneamente, por si só, comer o fruto da árvore do conhecimento do bem e do mal. Este ato deliberado de desobediência gerou a morte espiritual ao homem, morte esta que amorteceu o seu espírito e a sua alma, fazendo com que ele perdesse a capacidade de ouvir Deus e, consequentemente, viver eternamente ao lado de Deus.

Toda escolha tem consequências. O plantio é opcional, mas a colheita é obrigatória. Tudo o que plantarmos, certamente colheremos. Essa é uma lei que nada e ninguém revoga. A escolha do homem à desobediência a uma ordem expressa de Deus, lá no início da criação, causou e vem causando, até hoje, seríssimas consequências a toda a humanidade.

"E ao homem declarou":
"Visto que você deu ouvidos à sua mulher e comeu do fruto da árvore da qual eu lhe ordenara que não comesse, maldita é a terra por sua causa; com sofrimento você se alimentará dela todos os dias da sua vida. Ela lhe dará espinhos e ervas daninhas, e você terá que se alimentar das plantas do campo. Com o suor do seu rosto você comerá o seu pão, até que volte à terra, visto que dela foi tirado; porque você é pó, e ao pó voltará".
(Bíblia – Livro de Gênesis – capítulo 3 – versículos 17 até o 19. O sublinhado é meu).

A essa altura o Nobre Leitor deve estar me perguntando:

" – Mas eu não estava lá. Eu não escolhi desobedecer a Deus. Por que eu tenho que sofrer as consequências de uma escolha que eu não fiz"?

De fato, nem você nem eu estávamos lá no início da criação. Mas, estávamos representados pelo primeiro homem criado. Naquele dia, naquele momento, ele era a humanidade. Ele nos representava. E como ele desobedeceu e foi amaldiçoado, nós todos fomos amaldiçoados na pessoa dele, pois ele recebeu a sentença da maldição no seu corpo e depois nos gerou pela da sua semente – a fecundação. A maldição foi passada a nós pelo espermatozoide dele. De sorte que, todos os homens, em Adão, são amaldiçoados.

" - Poxa vida! Isso não é justo! Como eu posso pagar pelo erro do outro? Cada um que pague pelo seu erro, não é verdade"?

O nosso conceito de justiça logo se aguça quando a causa é a nosso favor. Somos rápidos em ativar a nossa autojustiça para nos defender e buscar os nossos direitos. Todo homem age dessa forma. Mas, e Deus? Como ele deveria agir no caso da transgressão do primeiro homem? Que tipo de justiça o Criador deveria usar para ser ressarcido dos danos causados pela quebra de suas regras?

Além do dano moral – Deus foi desrespeitado, sua autoridade desconsiderada e o seu propósito de ter o homem ao seu lado, adorando-O por toda a eternidade, foi interrompido sem a sua aquiescência; houve também o dano material – Deus teve que matar animais inocentes para fazer vestes para o primeiro homem e para sua mulher, pois a nudez começou a gerar lascívia. Que tipo de justiça Deus deveria usar aqui, para aplacar a sua ira e suprir esses danos? Ele poderia, por exemplo, fulminar o primeiro homem e sua mulher e criar outros, com a mesma configuração, dando-lhes as mesmas ordens. Ou ele poderia, por exemplo, tocar os cérebros do homem e de sua mulher, por novos cérebros novinhos em folha, sem a mácula da desobediência. Enfim, Deus poderia tomar medidas drásticas com relação ao primeiro homem. Mas, ele não o fez. Ele não é como nós, que busca justiça a qualquer custo, mesmo que isto cause danos em outrem. Ele não se agrada em prejudicar. Ele não tem prazer em gerar sofrimentos ou tristezas, mesmo que seja para aplacar a sua necessidade de justiça. Deus ama primeiro, para depois fazer justiça. E foi isto que ele fez com o primeiro homem e, consequentemente, com toda a humanidade – ele amou a pessoa de Adão, mas se aborreceu do pecado de Adão. Deus ama a todos nós; mas, Ele se aborrece do nosso pecado (a palavra pecado significa "errar o alvo" – o primeiro homem "errou o alvo" de Deus quando desobedeceu suas regras. Todos nós erramos quando desobedecemos às regras de Deus). E, movido por esse amor, Deus arquitetou um mirabolante plano para aplacar a sua justiça e ao mesmo tempo ter o homem de volta ao seu convívio, obedecendo-O e adorando-O, voluntariamente, por sua espontânea vontade, por toda a eternidade. Deus planejou resgatar o homem da condenação eterna, desde que esse homem queira e manifeste esse querer durante a sua vida terrena.

O RESGATE DO HOMEM

O tempo passou e o mundo se povoou. Hoje somos aproximadamente 7,8 bilhões de habitantes – todos gerados sob a maldição do pecado do primeiro homem. Eu, você e todos os habitantes da Terra recebemos essa maldição através da semente de Adão – o espermatozoide – e sofremos as consequências de sua rebeldia, o que tem produzido um sistema mundial completamente imerso no humanismo, tendo o homem como o centro de tudo, vivendo por si mesmo, sem entender a linguagem de Deus e incapacitado de ouvir a Sua voz; por conseguinte, sem conseguir seguir as Suas regras e indo a passos largos para a autodestruição.

Mas, Deus, sendo rico em bondade, generosidade e sendo Ele a personificação do próprio amor, engendrou o plano de resgate do homem. Esse plano atuou e atua em duas frentes – ele satisfaz completamente a justiça de Deus, ressarcindo-O dos danos causados pela desobediência do homem; como também, resgata esse mesmo homem do seu estado de morte espiritual, devolvendo-lhe a condição de espírito e alma eternos, capazes de captarem e compreenderem a voz do Criador. Que fantástico!

Mas, como isto se processa? É simples: através da restituição. Isso mesmo, através da paga do preço no mesmo valor da dívida. Veja só o que o Grande Teólogo *Paulo de Tarso* fala em sua carta aos Romanos, no capítulo 5 – versos 12 e 19:

"*Quando Adão pecou, o pecado transmitiu-se a toda a raça humana e trouxe, como*

consequência, a morte a todos; e todos foram contados como pecadores".

"Adão, porque desobedeceu a Deus, fez com que muitos se tornassem pecadores, mas Cristo, porque obedeceu, fez com que muitos também fossem considerados justos por Deus".

Em qualquer tribunal, para que a justiça seja plenamente satisfeita, o juiz deve aplicar uma pena equivalente ou proporcional à intensidade ou gravidade do delito. Foi exatamente isso que Deus fez: Ele atendeu à cobrança de justiça pelo delito do homem, oferecendo-Se como substituto para pagar a pena no lugar do homem e, uma vez essa pena paga, todos os escritos de dívida do homem foram cancelados e o homem reviu a sua condição de *"cidadão do céu"*, seu espírito e sua alma foram ressuscitados e ele readquiriu a capacidade de ouvir e compreender Deus.

Isto aconteceu através de Jesus Cristo – o Filho de Deus, que se tornou homem, encarnado. Ele foi concebido sem o método natural, ou seja, sem penetração vaginal e sem fecundação do espermatozoide no óvulo. Sua concepção aconteceu através de um mover sobrenatural de Deus, que o gerou diretamente no útero da virgem Maria. Portanto, ele não teve em sua formação a semente amaldiçoada do primeiro homem. Sua geração foi totalmente pura.

Ao nascer, Jesus, totalmente puro, foi criado como uma pessoa normal, até atingir a idade da maturidade e do entendimento de sua missão. Até os 33 anos, ele viveu toda a sua vida sem errar o alvo de Deus, ou seja, sem pecar. E ao atingir essa idade, ele cumpriu o plano de resgate do homem, elaborado por Deus, o qual consistia em um justo morrer pelos injustos; um perfeito dar a sua vida pelos imperfeitos; um imaculado morrer no lugar dos maculados. E assim Jesus fez – Ele se entregou para a morte por crucificação e através de sua morte, ele satisfez a justiça de Deus e resgatou o homem de volta à condição de *"cidadão do céu"*. Porém, para que o homem receba essa nova condição, ele precisa **crer**, ele precisa **acreditar** na história de Jesus Cristo e **aceitar, pela fé**, essa história como sendo o método de Deus para o levar à vida eterna no céu, após a sua morte física. Essa é a parte do homem - **crer**. A parte de Deus foi engendrar e implementar o plano de resgate. Ao homem compete, apenas, acreditar e aceitar. Não é por meritocracia que o homem retoma a sua condição de *"cidadão do céu"*. É pela fé em Jesus Cristo. Isto é tão simples, que alguns homens tentam complicar, inventando dogmas e ritos, os quais não tem absolutamente nada a ver com Deus. O plano de Deus para alcançar, resgatar e satisfazer por completo o homem e ainda, restituir-lhe a vida eterna, começa e termina na pessoa JESUS CRISTO.

O Teólogo *João de Betsaida,* o qual também foi discípulo e apóstolo de Jesus, ou seja, conviveu com Cristo neste mundo, escreve nos versos 11 e 12, do capítulo 5, de sua 1ª carta universal, o seguinte texto:

"E este é o testemunho: Deus nos deu a vida eterna, e essa vida está em seu Filho. Quem tem o Filho, tem a vida; quem não tem o Filho de Deus, não tem a vida".

DEUS CRIOU O CÉU

Nenhum dos planos de Deus pode ser frustrado. Deus não é pego de surpresa com nada no mundo que Ele mesmo criou. Tudo o que acontece no mundo está sob o total domínio do Criador. Nada, absolutamente nada, foge ao Seu controle. E foi assim que aconteceu quando o primeiro homem pecou, desobedecendo a ordem expressa de Deus e errando o alvo do Criador.

CÉU OU INFERNO?

O projeto de Deus foi e é viver com o homem – a sua criação – eternamente, em plena comunhão, em um lugar onde não há tristeza, nem dor, nem sofrimento; onde tudo é perfeito. Antes do homem ser criado, Deus criou o universo, o dia e a noite, o firmamento e as nuvens, os oceanos e os continentes, as plantas e os vegetais, as estrelas, o sol e a lua, os peixes, as aves e os animais terrestres. E eis que tudo isto era bom! Despois de tudo isto criado e em perfeito funcionamento, sem mácula alguma, Deus criou o homem e lhe deu domínio sobre os animais e sobre os vegetais, para que ele administrasse o mundo até então criado – o Jardim do Éden – e, a partir dali, expandisse a sua descendência e a sua gestão por toda a Terra e vivesse em plena harmonia com a natureza e em plena comunhão com o Criador. O homem se reproduziria nesse estado de perfeição e assim, toda a humanidade seria perfeita. Eis que isso era muito bom! Era tudo perfeito! Deus vinha ter com o homem na viração do dia (todo final de tarde) e conversava com ele. Haveria uma convivência entre o Criador e suas criaturas.

Ocorre que o homem pecou, desobedeceu e resolveu se divorciar de Deus. Aí, o que era muito bom, ficou muito ruim. O homem procriou e se multiplicou **fora do estado de perfeição**, já divorciado de Deus e aí todos os seus descendentes já foram gerados com a marca da rebeldia impressa em suas almas. O mundo, que era para ser um palco de satisfação plena para Deus e para o homem, transformou-se em um lugar de tormentos, dor e sofrimentos, causados pelo egocentrismo do homem. Houve um desequilíbrio no cosmos. Toda a criação sofreu seríssimas alterações.

Só que Deus não se surpreende. Ele, do alto de sua onisciência, expulsou o homem do Jardim do Éden e preservou esse Jardim, espiritualizando-o e transformando-o no que hoje podemos chamar de céu ou paraíso. Veja o relato bíblico do Livro de Gênesis – capítulo 3 – versos 22 a 24:

Então disse o Senhor Deus: "Agora o homem se tornou como um de nós, conhecendo o bem e o mal. Não se deve, pois, permitir que ele também tome do fruto da árvore da vida e o coma, e viva para sempre". Por isso o Senhor Deus expulsou o homem do jardim do Éden para cultivar o solo do qual fora tirado. Depois de expulsar o homem, colocou a leste do jardim do Éden anjos querubins e uma espada

resplandecente que se movia, guardando o caminho para a árvore da vida.

Perceba, o Nobre Leitor, as ações de Deus nesse relato:

1) Deus constatou que o homem adquiriu a capacidade de conhecer o mal;
2) Deus concluiu que, se o homem se tornasse eterno – corpo, alma e espírit0 – naquele estado de deformação de caráter, o projeto de convivência perfeita entre o Criador e suas criaturas no mundo seria estragado, seria totalmente comprometido;
3) Deus expulsou o homem do Jardim e o colocou para trabalhar, já pensando no futuro, em como resgatar este mesmo homem de volta; e
4) Deus protegeu e preservou esse Jardim e a partir daí, ao longo da história, Ele deu início ao seu plano de resgate do homem.

Não há a menor sombra de dúvida de que o Jardim do Éden é o nome representativo do lugar chamado "céu" ou "paraíso", para onde vão as pessoas – todas elas – que acreditam e aceitam o plano de resgate oferecido por Deus, na pessoa de Jesus Cristo. Esse Jardim representa a presença de Deus, a companhia de Deus e a convivência com ele; esse lugar foi preservado pelo próprio Deus para habitar com o homem eternamente.

Alguns "teólogos" de plantão poderão querer questionar essa minha interpretação, alegando que a Bíblia não diz categoricamente que o Jardim do Éden é o céu. E eu concordo com eles. De fato, não há nenhuma assertiva bíblica literal de que ambos são o mesmo lugar. Assim como, também, não há nenhum mandamento bíblico literal de que nós devemos escovar os dentes todos os dias. Nem por isso, nós deixamos de escová-los. O princípio aqui é o da inferência, da depreensão. A hermenêutica ampara esses princípios.

DEUS CRIOU O INFERNO

Toda escolha tem uma consequência. Todo plantio gera uma colheita. Essa é uma lei natural: tudo o que se planta, se colhe. Nem mesmo Deus muda essa lei. Não que Ele não possa. Deus pode tudo. Mas, Ele não a muda, porque Ele é coerente com as leis que Ele próprio estabeleceu na natureza. Por isso, não modifica a colheita do que é plantado.

O homem pecou (errou o alvo de Deus). Certamente que esse "plantio" gerou uma "colheita" compatível. Já vimos que o pecado do homem gerou a sua morte espiritual e a sua morte física. Enquanto o homem insistir em não aceitar o resgate de Deus, ele permanecerá morto espiritualmente, o que o separa completamente do seu Criador. Nesse estado de morte espiritual, o homem existe como um ser biológico, como um cidadão da terra – ele respira, move-se, compra, vende, estuda, relaciona-se com outros seres humanos e com os animais... enfim: ele existe. Porém, ele não consegue se relacionar com Deus. Essa cisão, essa separação somente pode ser interrompida pela própria vontade do homem, quando ele decide, ainda nesta vida terrena, antes de sua morte física e por sua livre e espontânea vontade, acreditar e aceitar o plano de resgate de Deus, através de Jesus Cristo. Quando o homem passa a crer em Cristo, ele ganha vida em seu espírito e seu contato com Deus é restabelecido. Veja o que diz o Teólogo *Paulo de Tarso* – Apóstolo de Jesus, na sua carta aos Efésios, no capítulo 2, versículos de 1 a 5 e de 8 a 9:

"*Vocês estavam mortos em suas transgressões e pecados, nos quais costumavam vi-*

ver, quando seguiam a presente ordem deste mundo e o príncipe do poder do ar, o espírito que agora está atuando naqueles que vivem na desobediência. Anteriormente, todos nós também vivíamos entre eles, satisfazendo as vontades do nosso ego, seguindo os seus desejos e pensamentos. Como os outros, éramos por natureza merecedores da ira de Deus. Todavia, Deus, que é rico em misericórdia, pelo grande amor com que nos amou, ressuscitou juntamente com Cristo, quando ainda estávamos mortos em transgressões — pela graça vocês são salvos. Pois vocês são salvos pela graça, por meio da fé, e isto não vem de vocês, é dom de Deus; não vem por meio de obras, para que ninguém se glorie".

Todo homem que não crer e não aceita o resgate de Deus, através de Jesus Cristo, está morto espiritualmente. Seu espírito está morto e dessa forma, ele não se comunica com Deus. Se este homem morre fisicamente nessa condição, ele não pode ir para o céu, pois ele não é um *"cidadão do céu"*; ele ainda é apenas um cidadão da terra.

No entanto, esse homem, mesmo com o seu espírito morto, é um ser eterno e caso experimente a morte física, a morte do seu corpo, o seu espírito e a sua alma vão ter que ir para a eternidade. A vida de um ser humano não acaba na sepultura. A vida continua na eternidade. Ora, se seu espírito está morto e agora o seu corpo também morre, a sua expressão de vida terá que existir em algum lugar eterno. Esse lugar, sem a presença de Deus, sem o controle de Deus, sem a companhia de Deus, é o inferno.

Uma ideia contemporânea a respeito do inferno é a de que ele é apenas uma metáfora que se refere à infelicidade que experimentamos nesta vida. Nas memoráveis palavras de Jean-Paul Sartre, filósofo existencialista francês, *"não há necessidade de enxofre ou grades de tortura. O inferno é a outra pessoa"*. Para ele, o inferno era a dor causada pela crueldade dos seres humanos. As pessoas falam de suas experiências devastadoras chamando-as de "infernal". "Passei por um inferno", elas dizem. O inferno é visto como o lado sombrio da vida, a tristeza e o sofrimento pelos quais as pessoas passam.

Nada disso é verdade. O inferno é um lugar real. Não é uma metáfora nem um símbolo, nem uma descrição de nossa desolação interior ou de nossos sofrimentos presentes, não importando quão angustiantes eles sejam. O inferno não é um estado mental. É um lugar com dimensões espaciais. Na parábola do rico e Lázaro, registrada no Evangelho de Lucas, capítulo 16, versos 19 até o 31, o rico falou: *"Este lugar de tormento"*, usando a palavra grega normal que significava *"lugar"*, da qual procede a nossa palavra "topografia" – a ciência de descrever lugares. E em vários outros textos bíblicos, encontramos a mesma palavra quando se refere ao inferno, denotando que é um lugar com dimensão espacial. Não sabemos em que local do universo está o inferno; mas ele tem uma localização precisa, em algum lugar. E, como Deus é o criador de todo o universo, com certeza, Ele também criou o inferno.

O próprio Jesus Cristo falou sobre a existência do inferno e sobre o objetivo para o qual fora criado. No Evangelho de Mateus, no capítulo 25, nos versos 41 e 45, em um contexto de contraposição entre aquelas pessoas que praticam a justiça e as que praticam a impiedade, Jesus fala que o inferno é um lugar que foi criado para o diabo e seus súditos, onde arde um fogo eterno e que serve para o castigo eterno daqueles que não creem e nem obedecem aos mandamentos de Deus.

Portanto, o inferno é um lugar criado por Deus, para o qual se destina todo homem que rejeita a iniciativa desse mesmo Deus em resgatá-lo.

E o céu é um lugar criado por Deus (o Jardim do Éden), para o qual se destina todo homem que, ainda na vida terrena, decide espontaneamente crer e aceitar o plano de resgate, através da obediência aos ensinamentos de Jesus Cristo.

O CORPO DAS PESSOAS NA ETERNIDADE

Você já se perguntou como será o seu corpo na eternidade? Essa é uma questão que merece atenção. Encontramos resposta para ela em um texto bíblico, escrito pelo Teólogo e Apóstolo de Jesus - *Paulo de Tarso*, na sua primeira carta aos Coríntios, no capítulo 15, onde ele faz duas perguntas e depois as responde: *"Como ressuscitam os mortos? Com que espécie de corpo virão?"* Aqui ele está falando do corpo da pessoa que ressuscita e vai para o céu, por isso ele chama os corpos de celestiais. Primeiro, ele fala de anatomia. ***"[...] os homens têm uma espécie de corpo, os animais têm outra, as aves outra, e os peixes outra". Há corpos celestes e há também corpos terrestres; mas o esplendor dos corpos celestes é um, e o dos corpos terrestres é outro"*** (versos 39 e 40). Assim como os peixes foram projetados para suportar as pressões do oceano e os pássaros foram projetados para voar, o corpo celestial será feito sob medida para a eternidade (Imagine viajar não apenas na velocidade da luz, mas na velocidade do pensamento! O corpo celestial viajará nessa velocidade! O corpo celestial é o mesmo corpo que Jesus Cristo e os anjos de Deus possuem hoje). Em seguida, ele fala de astronomia. *"Um é o esplendor do sol, outro o da lua, e outro o das estrelas; e as estrelas diferem em esplendor umas das outras"* (verso 41). Haverá graduações de honra e diferenças de recompensas quando chegarmos ao céu. Deus "retribuirá a cada um conforme o seu procedimento". Ou seja: os corpos serão todos celestiais, mas haverá diferenças entre eles. Finalmente, ele fala de agricultura. *"Assim será com a ressurreição dos mortos: O corpo que é semeado em corrupção ressuscita incorruptível; é semeado em desonra e ressuscita em glória; é semeado em fraqueza e ressuscita em poder; é semeado um corpo natural e ressuscita um corpo espiritual. Se há corpo natural, há também corpo espiritual"* (verso 42).

Os corpos de todas as pessoas na eternidade – no céu ou no inferno – serão corpos espirituais, não circunscritos às limitações do atual corpo de carne e osso que todos temos hoje.

Tudo indica que teremos um corpo físico que não é sujeito ao tempo, pois não se desgasta e nem envelhece; que não é sujeito à matéria, pois pode tanto atravessar uma parede como encostar nela; e que não é sujeito ao espaço, pois pode se deslocar de um lugar para o outro em rápida velocidade, independente da distância. Poderemos andar e respirar, sem depender de gravidade ou oxigênio. Este é o tipo de corpo que teremos na eternidade.

Animal irracional não possui espírito eterno, portanto, sua vida termina na morte física. O corpo e a alma morrem juntos. Nenhum animal irracional vai para o céu ou para o inferno. Eles não precisam nem de salvação e nem de danação eternas.

OS SENTIMENTOS DAS PESSOAS NA ETERNIDADE

Mas, e quanto aos nossos sentimentos, será que teremos vontades, anseios e emoções na eternidade? Bem, se a Bíblia descreve o céu como um lugar de prazer e alegria eternos, é obvio que sim. Aliás, aqui neste mundo, nós cansamos da rotina e enjoamos das coisas, mas na eternidade não existe nada disso, é como experimentar algo novo e bom a todo momento. Não há absolutamente nada que nós possamos vivenciar aqui na terra, que seja superior, ou chegue até mesmo perto do que haverá na eternidade. *Paulo de Tarso – o Teólogo e Apóstolo de Jesus – descreve na sua Segunda Carta aos Coríntios, no capítulo 12, nos versos 1 a 4 que "foi arrebatado ao paraíso e ouviu coisas indizíveis, coisas que ao homem não é permitido falar".* Pense no maior prazer que você já experimentou na vida, seja através do dinheiro, do sexo ou das drogas. Pense em quanto tempo durou essa sensação? Talvez um dia, um minuto, uma hora? O Reino dos céus é como desfrutar de uma sensação infinitamente superior, sem intervalo, por toda eternidade! É um *"negócio de doido"!* ... (risos) ...

O ENTENDIMENTO DAS PESSOAS NA ETERNIDADE

E o que dizer sobre o nível de conhecimento e de consciência na eternidade? Será que reconheceremos uns aos outros? Bom, apesar da Bíblia dizer no Livro do Profeta Isaías, no capítulo 65, verso 16, que não haverá lembrança das coisas passadas, e nem memória delas, o contexto deste texto indica se tratar de angústias, tristezas e sofrimentos, e não de tudo que foi construído em nossa memória. Afinal, em todos os demais escritos bíblicos acerca de vida na eternidade, verificamos que seremos perfeitos em unidade com Deus (para quem for para o céu), mas continuaremos possuindo uma personalidade e uma identidade própria, tendo plena consciência de quem somos e de quem são as outras pessoas. E o mais impressionante é que conheceremos plenamente como somos plenamente conhecidos, ou seja, conheceremos a Deus da mesma forma como Deus nos conhece. Será que é possível mensurar de que nível de entendimento nós estamos falando? Não, não é possível. Mas, o fato é que teremos entendimento e consciência plenos na eternidade.

Capítulo 5

Afinal, quem vai para o Céu?

"Contudo, não existe um homem tão justo sobre a face da terra que saiba fazer o bem sem jamais pecar"!
Rei Salomão
Livro de Eclesiastes
Capítulo 7 – Verso 20.

Se eu retirar o advérbio *"afinal"* do título deste capítulo, posso atribuir três pontos no fim da frase, a saber: o ponto de interrogação; o ponto de exclamação e o ponto de afirmação – o ponto final. Dependendo do ponto utilizado, a aludida frase pode ser uma pergunta (como está grafada), pode ser uma exclamação ou ainda, uma afirmação:

- Quem vai para o céu?
- Quem vai para o céu!

CÉU OU INFERNO?

- Quem vai para céu.

Seja lá qual for o ponto a ser utilizado, o fato é que a resposta a essa frase é a mais esperada e mais desejada pela grande maioria das pessoas em todo o mundo! E, se quiser tornar o tema ainda mais instigante, eu posso acrescentar um outro advérbio no meio da frase – o advérbio de negação "*não*". Aí ela será grafada da seguinte forma:

- Quem **não** vai para o céu.

Nossa! Aí é que "lascou tudo", como diria o caipira do interior. Realmente, perguntar, exclamar ou afirmar sobre quem **não** vai para o céu após a morte é algo que merece um profundo e cuidadoso estudo, uma profunda e cuidadosa análise. Os eruditos, os filósofos, os sociólogos, os antropólogos, os psicólogos, os idealistas e todos os demais doutos das ciências que estudam e analisam o homem, seus comportamentos e a vida em si, simplesmente não conseguiram, até hoje, responder a essa inquietante indagação. Não se acha em nenhum compêndio de estudos científicos, de qualquer época e de qualquer área do conhecimento humano, a resposta objetiva para a expressão – quem (não) vai para o céu. E, em assim sendo, diante da ausência de uma resposta nos mais variados campos do conhecimento humano, não resta outra alternativa a não ser se voltar para os Escritos Bíblicos. Sim, a Bíblia é o único escrito que apresenta várias assertivas sobre a resposta à sentença "quem (não) vai para o céu". Os escritores bíblicos, sob uso da inspiração divina, conseguem responder ao que os grandes cientistas, à luz de seus mais altos estudos, não conseguem. E isto não tem nada a ver com religião. Tem a ver, isto sim, com a Verdade Absoluta de Deus para todos os homens. Desde o Velho Testamento, onde é arquitetado o plano de resgate do homem, até o Novo Testamento, onde esse plano é implementado e concluído, as respostas são claras sobre ir ou não ir para o céu. Portanto, o Ilustre Leitor, se ainda está na dúvida se acredita ou não na Bíblia, **independentemente de sua religião**, eu o convido a se divorciar de qualquer preconceito sobre ela e a se debruçar no estudo profundo e analítico das Sagradas Escrituras, confrontando essas Escrituras com a história, com outros escritos e com os acontecimentos mundiais passados, presentes e propostos para o futuro; buscando com isto entender o que é, como se processa e quais as consequências de um relacionamento Deus-Homem-Deus.

Segue abaixo uma pequena amostragem do que a Bíblia fala sobre o tema em questão:

Primeira Carta do Teólogo *Paulo de Tarso* – o Apóstolo Paulo – aos Coríntios - capítulo 6 – versos 9 a 10 diz:

"*Vocês não sabem que os injustos não hão de herdar o reino de Deus? Não errem: nem os devassos, nem os idólatras, nem os adúlteros, nem os efeminados, nem os sodomitas, nem os ladrões, nem os avarentos, nem os bêbados, nem os maldizentes, nem os roubadores herdarão o reino de Deus".*

Primeira Carta do Teólogo *Paulo de Tarso* – o Apóstolo Paulo – aos Gálatas – capitulo 5 – versos 19 a 21:

"*Ora, as obras da carne são manifestas e são: imoralidade sexual, malícia, libertinagem, idolatria, feitiçaria, ódio, discórdia, ciúmes, ira, egoísmo, dissensões, facções, inveja, embriaguez, orgias e coisas semelhantes. Eu os advirto, como antes já os adverti, que os que praticam essas coisas não herdarão o Reino de Deus"* (o grifo é meu).

Livro do Apocalipse – escrito pelo Teólogo *João de Betsaida* – o Apóstolo João – capitulo 21 – verso 8:

"Mas os covardes, os incrédulos, os depravados, os assassinos, os que cometem imoralidade sexual, os que praticam feitiçaria, os idólatras e todos os mentirosos — o lugar deles será no lago de fogo que arde com enxofre. Esta é a segunda morte".

Livro do Apocalipse – escrito pelo Teólogo *João de Betsaida* – o Apóstolo João – capitulo 22 – versos 14 a 15:

"Felizes os que lavam as suas vestes, para que tenham direito à árvore da vida e possam entrar na cidade pelas portas. Fora ficam os de mal caráter, os que praticam feitiçaria, os que cometem imoralidades sexuais, os assassinos, os idólatras e todos os que amam e praticam a mentira".

Perceba, o Ilustre Leitor, que nas passagens acima, os dois escritores bíblicos – *Paulo de Tarso* e *João de Betsaida* – respondem, de forma objetiva e simples, à questão mais importante da humanidade. Que curioso! Eles não necessitaram fazer doutorado ou Ph.D na Universidade de Harvard – nos Estados Unidos; nem na Universidade de Cambridge – no Reino Unido; muito menos, na USP – Universidade de São Paulo – no Brasil. Eles não precisaram defender teses científicas para darem suas respostas. Eles apenas foram inspirados pelo Autor da Vida e receberam diretamente dele a revelação sobre essa questão vital do ser humano.

Portanto, quem não vai para o céu é uma questão já respondida. Basta acreditar na resposta.

É POSSÍVEL QUE PESSOAS BOAS ACABEM NO INFERNO?

Além da pergunta sobre quem vai ou quem não vai para o céu, uma outra questão bastante inquietante e incômoda para o ser humano é sobre a ida de algumas pessoas para o inferno. Será que um Deus tão amoroso manda alguém para o inferno? É evidente que NÃO. Deus não encaminha ninguém para o inferno. As pessoas que vão para lá, vão por causa de suas próprias escolhas de vida. Ao homem Deus deu o poder da escolha.

Todos nós conhecemos pessoas que valorizamos, que parecem genuinamente boas, pessoas bondosas, que só fazem o bem. Mas, como já vimos nos capítulos anteriores, até essas pessoas erraram o alvo de Deus e ficaram impossibilitadas de alcançarem, por seus próprios méritos e esforços, os padrões perfeitos de Deus.

Veja e reveja o que diz o escrito do Rei Salomão, no preâmbulo deste capítulo. Ele afirma que não há nenhum homem na face da terra que seja justo e que faça o bem, sem errar o alvo de Deus. *"Não há um justo sequer, nem um sequer. Não há ninguém que busque a Deus. Todos se desviaram"...* (Carta aos Romanos – 3:10-12). Todos os homens carregam em si a "semente da desobediência" e, por causa disso, não conseguem satisfazer os padrões de Deus. O Teólogo *Paulo de Tarso*, em sua Carta aos Romanos, no capítulo 3, no verso 23, afirma:

"Porque todos nós pecamos e fomos destituídos da imagem perfeita de Deus".

Um dos atributos de Deus é a onisciência (o prefixo *"oni"* significa "TODO" ou "TUDO"). Deus vê integralmente o coração da pessoa, vê todas as suas ações, e conhece todas as suas palavras e pensamentos. Deus tem muito mais informação para usar ao julgar alguém do que nós mesmos. É com este conhecimento pleno que Ele pode nos julgar justamente. Deus *"não vê como o homem; o homem vê com a aparência, mas Ele, o Senhor, vê com o coração"*. Então, como isso afeta a pergunta sobre o céu e o inferno? Simples: isso coloca todo mundo na mesma condição. As pessoas boas (as que nós pensamos ser boas) estão na mesma posição que as pessoas más (as que nós pensamos ser más), porque, na realidade, da perspectiva de Deus, que tudo vê, **ninguém** segue seus mandamentos perfeitamente. Há em todos nós aquele impulso interior que diz: "eu não me importo, eu farei tudo de qualquer jeito e do meu jeito".

Na verdade, *"todos nós, tal qual ovelhas, nos desviamos; cada um de nós se voltou para o seu próprio caminho"*. Em escalas variadas, todos nós abandonamos Deus e seguimos o nosso próprio pensamento, o nosso próprio caminho, para longe Dele. E essa é uma realidade até os dias de hoje! Sugiro aqui, ao Ilustre Leitor, voltar ao capítulo 4 e ler novamente, até o subtítulo "O RESGATE DO HOMEM".

Podemos constatar em todos os escritos bíblicos que Deus deixa claro que nós ganhamos o céu (ou deixamos de ir para o inferno), não por nossas "boas obras"; por aquilo que fazemos de bom neste mundo. Não, não é este o critério. Deus, em sua justíssima justiça, já providenciou o caminho para todos nós, como um presente, totalmente de graça. A nós basta crer e escolher para onde queremos ir. Ao invés de fingir que somos pessoas boas, Ele nos pede que admitamos que erramos o Seu alvo e que nos arrependamos desse erro. E a maneira de demonstrar o nosso arrependimento é crendo e obedecendo os Seus mandamentos.

Nós podemos apenas focar na vida após a morte. Mas, essa vida começa agora mesmo, no tempo que se chama hoje. É perfeitamente possível a cada um de nós interagir com Deus e sermos guiados por Ele agora mesmo, hoje, e experimentarmos a vida que Ele projetou para nós, quando nos criou; ou, por escolha nossa, podemos viver segundo os nossos próprios pensamentos, segundo aquilo que achamos certo e pagar para ver o que vai acontecer logo após morrermos. A escolha é única e exclusivamente nossa.

Não há nenhum relacionamento na terra tão completo e tão importante quanto o relacionamento com Deus. Se queremos isso após a morte, temos de começar agora, hoje. A nossa

vida na eternidade está diretamente relaciona-
da à nossa vida atual, aqui na Terra.

CORRIGINDO ALGUNS CONCEITOS

Além deste tema ser bastante polêmico, pois envolve opiniões e crenças pessoais, ainda existe a questão dos conceitos que são adquiridos ao longo da vida, no aprendizado empírico, que é recebido dos avós, pais, irmãos, cônjuges, líderes, amigos ... e da própria observação da vida.

Esses conceitos, muitas vezes errados, formam a cosmovisão (visão de mundo) do indivíduo. Essa visão norteia o entendimento sobre vida e morte, eternidade, céu e inferno. Se a cosmovisão for divorciada da Verdade Absoluta de Deus, o entendimento sobre o tema será totalmente distorcido. A única maneira desse entendimento voltar a ser correto é corrigindo os conceitos e isto é responsabilidade de cada um, é individual. Ninguém pode corrigir os conceitos de outrem. Cada indivíduo escolhe se vai fazer a correção.

• **Céu e Inferno não existem. Isto é coisa da crendice popular** – Essa é a clássica afirmação dos materialistas, daqueles que alicerçam suas vidas apenas no que é visível e palpável e confiam na enganosa fragilidade das riquezas.

- **CORREÇÃO –** céu e inferno existem, são lugares espaciais eternos e foram criados pelo nosso Criador – Deus, para a salvação ou danação, respectivamente, como destino eterno para o diabo, todos os seus demônios e para as pessoas, independente de raça, língua, nação ou credo religioso, de acordo com a sua escolha em vida. Se aceitarem o plano de resgate do Rei, irão para o céu; se não aceitarem esse plano, irão para o inferno.

"Então o Rei dirá àqueles que estiverem à sua direita: 'Venham, benditos de meu Pai! Recebam como herança o Reino que lhes foi preparado desde a criação do mundo" (o Céu).
"Então ele dirá aos que estiverem à sua esquerda: 'Malditos, apartem-se de mim para o fogo eterno, preparado para o diabo e os seus anjos" (o Inferno).
(Jesus Cristo – Evangelho de Mateus – cap. 25 – versos 34 e 41).

• **O homem não é eterno. Esse "papo" de eternidade é balela. Tudo acaba na sepultura** – O maior engodo que é dito para todos e que, infelizmente, é acreditado por muitos, é que a morte física é o fim de toda a vida. Como eu disse lá no capítulo 2, no subtítulo "DOIS HOMENS – DUAS VERDADES", o meu pai acreditava muito nisso e viveu a sua vida toda com base nessa mentira. Conclusão: ele teve uma vida miserável, mesquinha, sem nenhum relacionamento com Deus, e aos 76 anos de idade, "convidou" a morte para si. Ele suicidou-se. Muito triste...

- CORREÇÃO – Algo extraordinário e maravilhoso que Deus fez e nos deu é o fato de termos a eternidade em nosso coração. Deus nos criou espírito, alma e corpo e soprou para dentro de nós o fôlego de Sua vida. Como Ele é eterno, fica claro depreender que nesse "fôlego" veio a eternidade para dentro de nós. Somos eternos!! A morte física passou a fazer parte da nossa estrutura, porém, ela não estava nos planos originais de Deus para nós. A essência nossa como ser humano contraria a morte. Neste corpo estamos presos de certa forma ao tempo que avança todos os dias. Mas, na eternidade que Deus pôs em nosso coração não seremos afetados pelo "*cronos*"; não teremos limites de tempo, envelhecimento, porque estaremos vivendo o projeto original, isto se aceitarmos o plano de resgate proposto por Ele.

"Tudo fez Deus formoso no seu devido tempo, também pôs a eternidade no coração do homem, sem que ele descubra as obras que Deus fez desde o princípio até o fim".

(Rei Salomão – Livro de Eclesiastes capítulo 3 – verso 11).

• **A Bíblia foi escrita por homens** – De fato, a Bíblia foi escrita por homens. Isto nunca foi omitido e a própria Bíblia afirma isto. Todos aqueles que querem fugir da Verdade e querem "dar um jeitinho" sobre o tema "céu e inferno", sobre a morte após a vida e a eternidade do homem, subjetivamente se emaranham nesse falso conceito.

- **CORREÇÃO** – A Bíblia foi escrita por homens, INSPIRADOS por Deus (homens de formação intelectual diferente; de culturas econômico-sociológicas diferentes; de épocas de vida diferentes; homens que usaram as suas próprias habilidades e competências de escrita, mas que foram milagrosamente INSPIRADOS pelo nosso Criador), os quais conseguiram dar coerência e coesão a um único tema, exposto através de 66 livros. A Bíblia, desde que foi juntada na forma de um livro só e passou pela prova da canonicidade, é *"best seller"* – o livro mais lido em todo o mundo! Tudo o que está escrito nela, já aconteceu, está acontecendo e, certamente, irá acontecer. Portanto, meu Amigo, se você ainda não crê na Bíblia, passe a crer, porque o tempo urge e é nela que está a Verdade para a sua e para a minha vida.

"Vocês devem estudar cuidadosamente as Escrituras, porque que nelas vocês encontram a vida eterna. E são as Escrituras que testemunham a meu respeito".
(Jesus Cristo – Evangelho de João
capítulo 5 – verso 39)

• Os cristãos pensam arrogantemente que só eles vão para o céu – A religião é uma praga. Ela foi inventada por homens diabolicamente inspirados e é disseminada pelos seus adeptos, os quais não questionam os dogmas religiosos à luz da Verdade e nem de seus próprios espíritos. E é a religião que impinge esse falso conceito nas pessoas, de que os cristãos acreditam que somente eles vão para o céu. Isto acabou por se tornar um preconceito contra Jesus Cristo e seus ensinamentos e faz com que as pessoas rejeitem o plano de resgate que Deus elaborou e implementou a favor do homem.

- **CORREÇÃO** – O nome de "cristão" só existe porque as pessoas que creram na anunciação do evangelho, no início do século primeiro, foram tão impactadas pelos ensinamentos recebidos, que adotaram comportamentos semelhantes ao do próprio Jesus Cristo. Por isso, foram e são, até os dias de hoje, chamados de "cristãos". Ora, como já visto no capítulo 4, Deus resolveu o problema da morte espiritual do homem e se reconectou de novo a ele, propiciando-lhe a ida para o céu após a sua morte física, através da pessoa de Jesus Cristo. Portanto, quem crê em Cristo (os cristãos) vai para o céu; quem não crê, infelizmente, vai para o inferno. Essa é uma verdade absoluta.

"E disse-lhes Jesus: "Vão pelo mundo todo e preguem o evangelho a todas as pessoas. Quem crer e for batizado será salvo, mas quem não crer será condenado".
(Jesus Cristo – Evangelho de Marcos capítulo 16 – versos 15 e 16).

"E este é o testemunho verdadeiro: Deus nos deu a vida eterna, e essa vida está na pessoa do seu Filho. Quem tem o Filho, tem a vida; quem não tem o Filho de Deus, não tem a vida eterna".
(1ª Carta do Apóstolo João capítulo 5 – versos 11 e 12).

CÉU OU INFERNO?

Existem vários outros conceitos errados sobre vida após a morte e sobre céu e inferno, os quais foram impregnados na mente das pessoas e precisam ser revistos e corrigidos. Contudo, creio que esses acima abordados, se devidamente corrigidos, já nos permite um entendimento amplo e correto do tema. Tenha coragem de refletir imparcialmente e corrija os seus conceitos.

Finalizando com Palavras Importantes

*"Examinem tudo,
mas só retenham o que for bom".*
**Teólogo Paulo de Tarso
o Apóstolo São Paulo.**

A você, Ilustre Leitor, que chegou até aqui na leitura deste livro, PARABÉNS! Isto demonstra um traço de perseverança na busca do saber, na busca do conhecimento, hoje tão falto na maioria das pessoas, infelizmente. Principalmente quando se trata de ler. Nos tempos atuais, a leitura com acuidade tem sido negligenciada e, como consequência, tem-se visto, cada vez mais, pessoas sem conteúdo; vivendo enclausuradas em seus vazios existenciais e em suas redomas individualistas; presas aos seus conceitos e preconceitos; impedidas de alcançarem o verdadeiro contentamento pessoal; e sem quase nada a oferecer ao seu meio social.

Isto tem sido um verdadeiro desastre do ponto de vista psicológico, sociológico e antropológico. Falando em tese, o Ser Humano está, cada vez mais, vazio e sem rumo!

No contexto atual do mundo – a pós-modernidade – a informação ganhou uma velocidade absurda, através da tecnologia, e os fatos, assim como também, as "*fakes*" chegam até nós em um tempo recorde e sem muito esforço de nossa parte, gerando comodismo e preguiça mental. Sem perceber, temos nos tornado pessoas mecanizadas e robotizadas. Nossas palavras já não fluem naturalmente, expressando nossos sentimentos. Temos sido escravos da "cultura das curtidas" nas Redes Sociais e isto tem gerado um sentimento enorme de não aceitação. Isto tem gerado inúmeras doenças mentais, tais como: Transtorno de Ansiedade; Síndrome do Pânico; Depressão; dentre outras... Meu Deus, onde vamos parar?! Creio que um remédio para tudo isto ainda é a leitura e a absorção do conhecimento. Conhecer liberta!

O Criador é tão sábio e previu todo esse cenário. Num ato de amor por nós – suas criaturas – Ele resolveu **escrever** a sua vontade para nós. Tudo o que o Ser Humano necessita saber para o seu viver (aqui neste mundo e na eternidade), está *escrito* na Bíblia. O texto bíblico apresenta respostas para **todas** as questões da vida. Não há uma dúvida sequer que o homem tenha com relação à sua existência, que não seja elucidada pela leitura atenta das Sagradas Escrituras. É como um *"Manual do Fabricante"* – só funcionamos 100% da maneira correta, se funcionarmos como está escrito lá. Portanto, convido você, Ilustre Leitor, independentemente de seu credo religioso, a começar a fazer um estudo sistemático da Bíblia. Eu lhe asseguro que isto lhe trará um contentamento ciclópico.

Bem, voltando ao tema *"Céu ou Inferno"? – Uma Reflexão Sobre a Vida Após a Morte"*, creio que chegamos a um conteúdo que já nos permite, com facilidade, discernirmos as principais vertentes do assunto. Se você leu até aqui, de forma atenta e sem preconceitos, é certo que você já é capaz de formar sua opinião acerca dessa questão da vida após a morte. Este é o objetivo deste livro: levar você a refletir sobre o tema e a fazer a melhor escolha para a sua vida.

Como vimos no capitulo 1, as religiões têm os seus conceitos, suas doutrinas e seus dogmas sobre céu e inferno. Cada uma delas defende o seu ponto de vista, segundo as "suas verdades". Aos seus adeptos, compete examinar, avaliar e optarem, ou não, por segui-las, acreditando em suas "verdades". Para aqueles que não confessam uma religião, vimos que lhes cabe pautarem seu entendimento de céu e inferno em suas próprias visões de mundo.

No capítulo 2, vimos que existem dois tipos de verdade – a "verdade relativa", que se baseia na cosmovisão individual de cada pessoa e a "Verdade Absoluta", que se baseia na revelação do Criador, revelação esta, exposta a todos os seres humanos através das Sagradas Escrituras – a Bíblia. Essa mesma Bíblia que, ao longo dos anos de surgimento, já passou por todas as provas de confiabilidade como sendo um texto de inspiração divina, que mostra como Deus deseja se relacionar com o homem e fala de Jesus Cristo como sendo a encarnação da Verdade e a consumação de todas as coisas.

Já no capítulo 3, vimos que o homem (sentido genérico – homem e mulher), é um ser tricótomo e eterno – ou seja: foi criado espírito, alma e corpo e foi criado para nunca morrer. Porém, a morte – tanto a física, como a espiritual, que é uma separação, passou a fazer parte da vida do homem, por causa de sua desobediência às regras de Deus. Com isto, o corpo deste homem perdeu a sua característica de eternidade e passou a ser mortal, limitando-se à vida biológica e separando-se do seu espírito e da sua alma no momento da sua morte física. O espírito e a alma do homem continuaram eternos, porém, perderam a capacidade de se relacionarem com Deus.

No capítulo 4 foi mostrado que Deus é real e bom. Ele arquitetou um mirabolante plano para, ao longo da história, se achegar ao homem e resgatá-lo do seu estado de morte, dando-lhe vida. Esse plano foi implementado pela pessoa de Jesus Cristo, que como um Ser perfeito, sem erro algum, aceitou morrer crucificado, a fim de aplacar a justiça de Deus e, após a sua ressureição, atrair a si todos aqueles que crerem e aceitarem os seus mandamentos. Neste capítulo vimos, também, que tipo de corpo as pessoas terão na eternidade e que o céu e o inferno são dois lugares distintos, criados para finalidades distintas e que ambos serão habitados, na eternidade, pelas pessoas que escolherem, nesta vida terrena, para qual dos dois desejam ir após a morte física.

Finalmente, no capítulo 5, pudemos verificar qual o critério que qualifica as pessoas a irem para o céu ou para o inferno, após a morte do corpo. Lá lemos sobre o real motivo que leva pessoas "boas" para o inferno e pessoas "más" para o céu.

Como pode ser constatado ao longo da leitura de todo este livro, o tema *"Céu ou Inferno"* é vasto, intrigante, controverso e instigante. São inúmeras vertentes a serem consideradas, são várias cosmovisões individuais a se manifestarem, são posicionamentos religiosos e cépticos que tentam firmar os seus conceitos. Enfim, é um tema que permite alongadas e acaloradas discussões e debates.

Definitivamente, o meu objetivo ao escrever sobre este tema não foi gerar celeumas ou impor a minha perspectiva. O meu grande e árduo desejo ao publicar este texto é que você, Ilustre Leitor, considere fazer uma profunda, honesta e imparcial reflexão sobre a sua vida atual e como será a sua vida após a morte. O que acontecerá quando o coração parar de bater?

"Examine tudo, retenha o que for bom".

Um Forte e Fraterno Abraço!

Referências Bibliográficas

BÍBLIA. Português. **Bíblia Sagrada.** Revista e atualizada no Brasil, João Ferreira de Almeida. 2ª Edição. São Paulo: Sociedade Bíblica do Brasil, 1993.

BÍBLIA. Português. **A Bíblia Anotada – The Ryrie Study Bible –** versão revista e atualizada por João Ferreira de Almeida. Introdução, Esboço, Referências e Notas por Charles Caldwell Ryrie; tradução por Carlos Oswaldo Cardoso Pinto. Editora Mundo Cristão – São Paulo, 1.991.

CUNHA, Ilma Luci Gomes – **Família – lugar de refúgio ou campo de batalha?** 1ª Edição. Rio de Janeiro – Editora Central Gospel. 2013.

INTERNET – site **www.wikipedia.org – Enciclopédia Livre**. Consultas no ano de 2020, sempre em horário comercial – 08:00 às 17:00 horas.

CÉU OU INFERNO?

INTERNET – site **www.adeusmentirasreligio-sas.com.br** – Consultas no ano de 2020, sempre em horário comercial – 08:00 às 17:00 horas.

REVISTA VEJA. **Edição 2297 – ano 45 – nº 48, de 28 de novembro de 2012**. Entrevista com Rob Bell – páginas 19 a 23. Editora Abril

ATTANTAWY, Ali. **Apresentação geral da religião do Islã**. São Paulo. Editora independente, 1993.

PAPA, João Paulo II. **Catecismo da Igreja Católica.** São Paulo: Editora Loyola, 1997.

ICP, Instituto Cristão de Pesquisa. **Curso de Apologética do ICP**. São Paulo: ICP Editora; vol. I a III, 2004.

INTERNET – site **www.odespertardosbudas. com** – consultas no ano de 2020, sempre em horário comercial – 08:00 às 17:00 horas.

INTERNET – site **www.mudrassignificado. com.br** – consultas no ano de 2020, sempre em horário comercial – 08:00 às 17:00 horas.

COMPÊNDIO DO CATOLECISMO, Código de Direito Canônico da Igreja Católica - Vaticano: Igreja Católica Romana, 2005.

VEIGA, Luiz Maria. **A Reforma Protestante.** São Paulo: Ática, 2004.

INTERNET. - **https://padrepauloricardo.org/episodios/o-ceu-e-um-lugar** - 2020.

INTERNET. **https://www.facebook.com/PalavraReveladaOficial/posts/678807922211426/** - 2020.

REVISTA VEJA – **Edição de 30/11/2017** – Sessão **"Ciência e Fé".**

INTERNET. – **www.hernandesdiaslopes.com.br** – 2020.

INTERNET. - **http://www.cpadnews.com.br/blog/elienaicabral/fe-e-razao/22/a-tricotomia-do-homem.html** - 2020.

INTERNET. - **https://ministeriofiel.com.br/artigos/o-que-e-o-inferno/** - 2020.

CÉU OU INFERNO?

INTERNET. - **https://www.suaescolha.com/a/pessoasboas.html** - 2020.

INTERNET. - **https://www.vainabiblia.com/videos/como-sera-a-eternidade/** - 2020.

Se quiser, entre em contato com o autor.
Sua opinião sobre este livro é importante:

amauri.reis17@gmail.com

Telefone: (21) 97409-7143

www.ingramcontent.com/pod-product-compliance
Lightning Source LLC
Chambersburg PA
CBHW021002160726
47994CB00006B/2338